시편 23편 묵상

행복하기 원합니까?

강창일 지음

쿰란출판사

서문

행복! 행복은 인간이라면 누구나 추구하는 것입니다. 아마 행복을 원치 않는 사람은 없을 것입니다. 행복은 누구나 갈망합니다. 그러나 사람들은 행복에 대한 갈망은 있지만 무엇이 진정한 행복인지 모르고 있습니다. 그리고 어떻게 하면 행복을 얻을 수 있는지도 모르고 있습니다.

저는 저 자신과 우리 가족이 행복하기를 원합니다. 더 나아가 우리 교회를 섬기고 있는 성도들이 행복하기를 원합니다. 제가 추구하는 행복은 세상 사람들이 생각하고 있는 값싼 행복이나 막연한 행복이 아닙니다. 제가 갈망하는 행복은 성경에서 제시하는 참된 행복입니다.

이 세상에는 많은 사람들이 왔다가 갔습니다. 그들 가운데 가장 행복한 사람 중 하나는 다윗 왕이라고 생각합니다. 다윗은 하나님의 마음에 합한 자였습니다. 하나님의 마음에 합한 다윗은 누구보다도 행복한 삶을 살았습니다. 그래서 저는 행복에 대한 답을 행복하게 살았던 다윗에게서 찾고자 합니다.

다윗은 참으로 행복한 사람이었습니다. 다윗의 행복은 다윗이 지은 시편 23편에 녹아 있습니다. 시편 23편을 묵상하면 다윗의 행복이 넘치는 것을 느낄 수 있습니다. 행복한 사람 다윗은 우리에게 행복이 무엇이며, 어떻게 하면 행복할 수 있는가를 제시해 주고 있습니다.

시편 23편의 배경이며 다윗이 활동하던 유대 광야는 풍요로운 곳이 아니라 오히려 척박한 곳이었습니다. 다윗이 처한 환경은 행복과 거리가 멀었습니다. 오늘 이 시대는 유대 광야와 같습니다. 사람들은 행복하기를 원하지만 환경적으로는 행복과 거리가 멀다고 할 수 있습니다.

그러나 하나님은 다윗을 행복하게 해주셨습니다. 하나님께서 다윗을 행복하게 하신 것은 참된 행복이 환경으로부터 주어지는 것이 아니라 하나님께로부터 오는 것임을 알려 주시기 위함입니다. 다윗을 행복하게 해주신 하나님은 오늘 이 시대를 살아가고 있는 우리도 행복하게 해주시는 분입니다.

다윗이 행복할 수 있었던 또 하나의 이유는 그가 하나님 앞에서 살아가며 하나님을 바라보았기 때문입니다. 오늘 우리도 마찬가지입니다. 행복은 하나님께서 우리에게 베풀어 주시는 은혜입니다. 우리는 행복하기 위하여 다윗처럼 하나님 앞에서 살아가야 하며, 하나님을 바라보아야 합니다. 그럴 때 우리는 참된 행복을 누릴 수 있습니다.

저는 시편 23편을 묵상하면서 감히 12편의 설교를 만들어 보았습니다. 하나님께서 저에게 12편의 설교를 허락하신 그 자체가 행복이었습니다. 저는 12편의 설교를 하면서 어느 때보다도 행복하였습니다. 이 설교집을 읽는 모든 분들에게도 다윗의 행복이 전가되기를 원합니다.

저는 이 책을 내면서 한없이 부족한 저를 사용하신 하나님께 영광을 올려 드립니다. 그리고 오늘의 제가 있고, 이 책이 나올 수 있도록 도와주신 분들에게 감사의 마음을 전하고 싶습니다. 먼저 저를 위하여 목회의 길을 지도해 주시고 기도해 주신 아버님(사당동 성진교회 강성민 원로목사)과 어머님(김종덕 사모)께 감사를 드립니다. 그리고 나의 삶과 목회의 동반자로 내 곁을 묵묵히 지켜 준 사랑하는 아내(박석분 사모)에게 감사의 마음을 표하며, 하나님께서 주신 사랑하는 자녀들(혜경, 혜실, 영기)과도 함께 기쁨을 나누고 싶습니다.

또, 이 책을 발간하는 데 도움 주신 쿰란출판사 대표 이형규 장로님과 여러 직원들에게 고마움을 전합니다.

마지막으로 부족한 저를 사랑으로 감싸 주고 기도해 주시는 열린교회 성도들과 원고 정리를 도와준 정미영 집사에게 감사의 마음을 표합니다. 할렐루야!

2013년 11월
하나님의 심정을 전하는 종 강창일 목사

목차

서문 · 2

01 여호와는 나의 목자시니 · 6

02 내게 부족함이 없으리로다 · 25

03 그가 나를 푸른 풀밭에 누이시며 · 43

04 쉴 만한 물가로 인도하시는도다 · 61

05 내 영혼을 소생시키시고 · 79

06 의의 길로 인도하시는도다 · 99

07 사망의 음침한 골짜기로 다닐지라도 · 116

08 주의 지팡이와 막대기가 나를 안위하시나이다 · 134

09 주께서 내 원수의 목전에서 내게 상을 차려 주시고 · 151

10 기름을 내 머리에 부으셨으니 내 잔이 넘치나이다 · 169

11 내 평생에 선하심과 인자하심이 · 187

12 내가 여호와의 집에 영원히 살리로다 · 205

01

여호와는 나의 목자시니

시편 23:1 상

영국에 대한 첫인상

언젠가 영국을 방문한 적이 있습니다. 공항에서 런던으로 들어가는 길이었습니다. 영국에 대한 첫인상은 매우 신선한 충격이었습니다. 그 시각 우리나라에서는 어린 친구들이 들에 풀어 놓았던 소를 몰고 집으로 돌아오고 집집마다 굴뚝에서는 저녁 밥 짓는 연기가 모락모락 피어오르는 때였습니다.

영국의 들판은 굉장히 잘 정돈되어 있었습니다. 푸른 들판에 군데군데 수십 마리의 양 떼가 풀을 뜯고 있는 모습이 영국의 첫인상이었습니다. 그 모습은 너무나 평화스럽게 보였습니다. 저는 영국의 잘 정돈된 목장을 보면서 예수님께서 선한 목자로 양을 품에 안고 있는 성화를 연상하였습니다.

예상과 다른 유대 광야

그러나 저의 예상은 몇 년 후에 이스라엘 성지 순례를 하면서 완전히 빗나갔습니다. 다윗이 목동으로 활동하였던 유대 광야는 우기의 몇 달 동안은 푸른 풀밭을 볼 수 있지만 연중 대부분의 기간은 영국의 잘 정돈된 목장과 동떨어진 황량한 곳입니다. 유대 광야는 우리가 상상하는 저 푸른 초원과는 너무나 다릅니다.

시편 23편은 아마도 성도들에게 주기도문 다음으로 많이 사랑받는 말씀일 것입니다. 시편 23편은 다윗이 지은 시입니다. 다윗은 어렸을 때 베들레헴에서 자라면서 아버지가 맡겨 준 양을 쳤습니다. 목동 다윗이 양을 치던 유대 광야는 황량한 곳이었습니다. 그러나 그는 훗날 왕이 되어 자신의 삶을 붙들어 주시고, 함께하시고, 이끌어 주신 하나님을 찬양하기를 "여호와는 나의 목자"라고 고백하고 있습니다.

여호와는 나의 목자

다윗의 고백이 과연 그 시대적인 배경으로 볼 때 멋진 고백일까요? 다윗의 선언은 자랑스러운 선언일까요? 우리는 다윗의 고백이 합당한 고백인지 생각하지 않을 수 없습니다. 그리고 시편 23편을 생각하면 제가 본 영국의 모습이나 대관령 목장과 같은 그런 장면을 떠올릴 것입니다. 또 수많은 화가들이 그린 그림이나 혹은 사진작가들이 찍은 그런 장면을 연상할 것입니다. 그러나 다윗이 이 시를 지었을 때 그가 목동으로서 양을 치던 유대 광야는 그렇게 비옥한 광야가 아니었습니다. 그럼에도 불구하고 다윗은 "여호와는 나의 목자"라고 고백하고 있습니다. 과연 다윗의 고백을 현명한 고백이라고 생각할 수 있을까요?

농경문화와 목축문화

다윗 시대부터 예수님 시대에 이르기까지 목자는 사람들에게 인정받는 직업이 아니었습니다. 이때 이스라엘은 역사적으로 여호수아의 영도를 받아서 가나안을 점령한 다음에 사사시대가 열리고 또 사사시대를 지나 왕정시대가 됩니다.

그때 팔레스타인에는 두 가지 문화가 형성되고 있었습니다. 하나는 목축문화이고, 다른 하나는 농경문화입니다. 목축문화와 농경문화를 비교해 볼 때 어느 문화가 더 세련되고 우아한 문화일까요? 물론 농경문화가 목축문화보다 훨씬 더 발달된 문화입니다.

세련된 농경문화

왜냐하면 목축문화의 유목민들은 풀을 찾아서 이동해야 했기에 한 곳에 정착하지 못하였습니다. 그래서 목축문화는 세련되지 못하였습니다. 그러나 농경문화는 한 곳에 정착하여 농사를 지으면서 세련된 문화를 형성할 수 있었습니다. 그래서 그 당시 농사를 짓는 사람들은 목축업에 종사하는 사람들을 굉장히 경시하였습니다.

증인도 될 수 없는 목자

그래서 예수님 시대에 목자는 법정에서 증인도 될 수 없었습니다. 다시 말해서, 인간 대접을 받지 못했습니다. 예수님 시대에 목자들은 가장 하위층에 속하는 사람들이었습니다. 우리나라의 조선시대로 말하자면 백정 취급을 받은 것입니다.

요즈음은 소 잡는 사람들도 전문직으로 돈을 많이 법니다. 그러나 조선시대의 백정은 사람들에게 인정받지 못하였습니다. 백정의 아들들 역시 사회적으로 인정받지 못하였습니다. 예수님 시대의 목자들도 같은 취급을 받았습니다. 이것이 그 당시 목자에 대한 사회적인 인식이었습니다.

다윗의 선언

대부분의 사람들은 예수님이 선한 목자이시기 때문에 목자에 대해서 좋은 이미지를 가지고 있습니다. 그런데 예수님 시대의 목자는 사회적으로 인정받지 못하는 사람들이었습니다. 그럼에도 불구하고 하나님께서 예수님의 탄생을 목자들에게 가장 먼저 알려 주신 것은 굉장한 의미가 있습니다.

아무튼 다윗 시대의 사람들은 목축문화보다 농경문화를 동경하였습니다. 그리고 목축문화의 신 여호와보다 농경문화의 신 바알을 더 숭배하였습니다. 그런 시대에 다윗이 "여호와는 나의 목자"라고 고백하는 것은 그 시대를 향한 굉장한 선언이었습니다.

현대인의 노래

오늘 이 시대를 사는 현대인들은 누구를 목자로 삼고 있습니까? 오늘날 수많은 사람들이 '여호와는 나의 목자'가 아니라 "돈은 나의 목자시요"라고 노래하고 있습니다. 지금 현대인들은 돈을 숭배하고 있습니다. 돈을 따라가고 있습니다. 돈이 되는 것이라면 수단과 방법을 가리지 않습니다.

이처럼 현대인들은 돈을 하나님으로 삼고 있습니다. 돈을 자신의 목자로 삼고 있습니다. 어떤 사람들은 명예를 추구하고 있습니다. 어떤 사람들은 쾌락을 추구하고 있습니다. 현대인들은 하나님이 목자가 아닌 돈과 명예와 쾌락을 목자로 고백하고 있습니다.

조지 베브리 쉐아의 목자

빌리 그레이엄 목사님과 평생을 동역하던 복음성가 가수 조지 베브리 쉐아의 이야기입니다. 그는 1931년 보험회사에서 세일즈맨으로 일하고 있었습니다. 어느 날 그는 NBC의 라디오 공개 방송에서 노래할 수 있는 기회를 얻게 되었습니다. 그가 들려준 중저음의 바리톤은 방송을 통해 전 국민에게 울려 퍼졌습니다. 청취자들은 그의 노래에 열광하였습니다. 갑자기 그는 유명 스타가 되었습니다. 그의 인생은 출세와 돈이 보장된 길을 걷게 되었습니다. 그러자 그는 하나님과 점점 멀어지게 되었습니다. 조지 베브리 쉐아의 목자는 돈과 명예였습니다.

우리의 모습

오늘날 현대인들은 하나님보다 돈을 더 섬기고 있습니다. 이것은 세상 사람들의 모습일 뿐만 아니라 예수 믿는 성도들의 모습이기도 합니다. 입으로는 "여호와는 나의 목자"라고 말하고 있지만 실생활을 보면 여호와가 나의 목자가 아니라 돈을 목자로 삼고 있습니다.

명예를 하나님으로 삼고 있습니다. 이것이 오늘 크리스천의 현주소라고 할 수 있습니다.

다윗은 "여호와는 나의 목자"라고 고백하고 있습니다. 다윗의 고백은 그 시대에 주는 메시지일 뿐 아니라 오늘 21세기를 살아가고 있는 우리에게도 귀한 메시지입니다.

여러분은 과연 다윗처럼 "여호와는 나의 목자"라고 고백하고 계십니까? 여러분은 세상을 향하여 "여호와는 나의 목자"라고 고백할 수 있습니까? 여러분이 이런 고백을 하면 세상 사람들은 여러분을 비웃을 것입니다. 여러분은 세상의 비웃음과 상관없이 "여호와는 나의 목자"라고 고백할 수 있습니까?

축복의 하나님

오늘 본문에 나오는 다윗의 하나님은 축복의 하나님입니다. 하나님은 자기 백성들에게 복 주기를 기뻐하시는 하나님입니다. 다윗이 "여호와는 나의 목자"라고 고백하는 것은 그의 경험에서 나온 말입니다.

다윗은 베들레헴 들녘에서 양을 치는 목동의 삶을 살았습니다. 다윗은 왕이 되는 과정에서 수많은 어려움을 겪었습니다. 그리고 왕이 되고 난 후에도 많은 전쟁터에서 산전수전을 다 겪었습니다. 그러나 다윗은 자신의 삶 속에서 목자 되시는 하나님을 경험하였습니다.

이런 인생의 많은 경험 가운데 다윗은 "여호와는 나의 목자"라고 고백하고 있습니다. 그러면 다윗이 '나의 목자'라고 고백하는 여호와는 어떤 하나님일까요?

1 하나님은 스스로 다윗의 목자가 되셨습니다.

하나님은 다윗의 목자가 되셨습니다. 하나님이 다윗의 목자가 되신 것은 다윗의 요청으로 된 것이 아닙니다. 하나님께서 스스로 다윗의 목자가 되신 것입니다. 분명히 여호와는 이스라엘의 목자입니다. 그런데 여호와가 이스라엘 목자가 된 것은 이스라엘의 요청이 아닙니다. 이스라엘 백성들이 여호와께 "여호와여! 우리의 목자가 되어 주십시오" 하고 요청하지 않았습니다. 하나님께서 스스로 이스라엘 백성들의 목자가 되신 것입니다.

믿음의 조상 아브라함이 먼저 하나님을 찾지 않았습니다. 하나님께서 먼저 그들의 조상 아브라함을 부르셨습니다. 아브라함은 갈대아 우르에서 하나님을 알지 못하고 살고 있었습니다. 그런데 하나님께서 그에게 나타나셔서 그를 부르셨습니다. "내가 너를 축복하겠다. 너를 복의 근원으로 삼겠다. 내가 너와 네 후손의 목자가 되겠다." 하나님께서 스스로 아브라함의 목자가 되셨습니다. 하나님이 자청하셨고, 하나님이 자원하셨습니다.

목자가 양을 선택한다

이처럼 목자와 양의 관계는 양이 목자를 선택하는 것이 아니라 목자가 양을 선택합니다. 양은 목자를 선택할 줄 모릅니다. 양은 목자를 선택할 권리가 없습니다. 목자에게 양을 선택할 권리가 있고 능력이 있습니다.

하나님과 다윗의 관계도 마찬가지입니다. 다윗은 여호와를 자신의 목자로 고백하고 있습니다. 하나님은 다윗의 목자이시고, 다윗은 하나님의 양입니다. 하나님이 다윗의 목자가 되신 것은 다윗의 선택이 아니라 하나님의 선택입니다. 하나님은 다윗의 의지와 상관없이 스스로 다윗의 목자가 되어 주셨습니다. 이것이 이스라엘 백성들을 위한 하나님의 모습입니다.

2 하나님은 다윗의 목자이시되 선한 목자이십니다.

하나님은 다윗에게 선한 목자가 되셨습니다. 목자라고 다 선한 목자가 아닙니다. 목자들 중에는 더러 나쁜 목자도 있었습니다. 예수님은 요한복음 10장 11절에서 이렇게 선언하셨습니다. "나는 선한 목자다. 선한 목자는 양을 위하여서 목숨을 버린다." 예수님의 선언대로 하나님은 선한 목자이십니다.

하나님은 다윗의 목자가 되실 뿐만 아니라 목자 중에 좋은 목자, 선한 목자가 되셨습니다. 그 내용이 오늘 시편 23편 1절에 나타나 있습니다. 시편 23편에 보면 "여호와는 나의 목자시니 내게 부족함이 없으리로다"라고 했습니다. 여호와가 목자로서 내게 부족함이 없다는 것은 여호와가 선한 목자라는 의미입니다.

선한 목자는 구체적으로 어떤 목자일까요?

인도하는 목자

먼저 선한 목자는 인도하는 목자입니다. 하나님은 인도하시는 분입니다. 2절과 3절은 다윗을 인도하시는 하나님이심을 잘 보여줍니다.

"그가 나를 푸른 풀밭에 누이시며 쉴 만한 물가로 인도하시는도다 내 영혼을 소생시키시고 자기 이름을 위하여 의의 길로 인도하시는도다"
(시 23:2-3).

양은 방향 감각이 없습니다. 어디로 갈지 모릅니다. 목자가 인도해 주어야 풀밭으로 갈 수 있습니다. 시냇가로 갈 수 있습니다. 하나님은 다윗의 선한 목자로서 다윗이 갈 바를 제시하셨습니다.

보호하는 목자

선한 목자는 보호하는 목자입니다. 하나님은 다윗을 보호해 주셨습니다.

"내가 사망의 음침한 골짜기로 다닐지라도 해를 두려워하지 않을 것은 주께서 나와 함께하심이라 주의 지팡이와 막대기가 나를 안위하시나이다"(시 23:4).

양은 위험에 노출되어 있습니다. 맹수에게 노출되어 있습니다. 험한 골짜기에서 길을 잃어버리면 죽을 수밖에 없습니다. 이런 양에게 필요한 것이 그 양을 보호하는 목자입니다. 다윗의 하나님은 다윗을 보호하셨습니다. 그 주변에 얼마나 많은 열강들이 있었습니까? 그러나 하나님께서는 선한 목자로서 다윗을 지켜 주시고 보호해 주셨습니다.

공급하는 목자

선한 목자는 공급하는 목자입니다. 선한 목자가 되시는 하나님은 다윗에게 필요한 것을 공급해 주셨습니다.

"주께서 내 원수의 목전에서 내게 상을 차려 주시고 기름을 내 머리에 부으셨으니 내 잔이 넘치나이다 내 평생에 선하심과 인자하심이 반드시 나를 따르리니 내가 여호와의 집에 영원히 살리로다"(시 23:5-6).

양은 목자의 공급이 필요합니다. 목자가 양을 푸른 풀밭에 데려가서 풀을 뜯게 하고 잔잔한 물가로 데려가서 마시게 해야 합니다. 선한 목자이신 하나님은 다윗에게 필요한 모든 것들을 공급해 주셨습니다.

이스라엘의 선한 목자

하나님은 이스라엘 백성에게 선한 목자가 되셨습니다. 하나님은 이스라엘 백성을 애굽에서 구원하셨을 뿐 아니라 광야에서 불기둥과 구름기둥으로 인도하셨습니다. 또 매일 만나를 내려주시고 메추라기를 주셨습니다. 반석을 통하여 물을 공급하셨습니다. 이것이 바로 이스라엘의 하나님이십니다. 이처럼 하나님은 이스라엘의 목자이면서 목자 중의 선한 목자, 좋은 목자로서 그들을 인도하시고 보호하시고 공급하시는 하나님이었습니다.

3 하나님은 선한 목자로 영광을 받기 원하십니다.

하나님은 다윗에게 선한 목자로서 찬양을 받으셨습니다. 다윗 시대에는 이스라엘 백성들조차 농사를 잘 짓기 위하여 농경 신인 바알을 섬겼습니다. 그때 다윗은 "여호와는 나의 목자"라고 하면서 하나님을 찬양하였습니다. 여호와는 다윗에게 찬양을 받으셨습니다.

그런데 다윗이 "여호와는 나의 목자"라고 하는 것은 단순히 여호와가 목축의 신으로서 목축할 때만 함께하시는 하나님이라는 것이 아닙니다. '여호와가 나의 목자'라는 것은 목축뿐만 아니라 그의 전 삶의 목자가 되시는 하나님이심을 고백하는 것입니다. 그래서 농사를 잘 짓게 해주는 신이 바알이 아니라 여호와라는 것입니다. 비를 내리는 신이 바알이 아니라 여호와라는 것입니다. 비를 내리는 신이 여호와라는 것은 엘리야 선지자가 보여주었습니다. 이처럼 하나님께서는 선한 목자로서 하나님의 백성들에게 영광을 받기를 원하십니다.

조지 베브리 쉐아의 목자가 되신 하나님

조지 베브리 쉐아는 하나님보다 돈과 명예를 사랑하였습니다. 그러자 그의 마음에는 기쁨보다 두려움이 몰려왔습니다. 그의 어머니는 그를 위해 기도하였습니다. 어느 날 그의 어머니는 사랑하는 아들의 책상 위에 조그마한 쪽지 하나를 갖다 놓았습니다. 종이를 펼쳐 보니 어머니가 자주 애송하던 밀러 부인의 성시가 쓰여 있었습니다.

그는 그 성시를 읽다가 감동을 받고 뜨거운 눈물을 흘렸습니다. 그리고 마음에서 울려 나오는 멜로디를 종이에 써 내려갔습니다.

주 예수보다 더 귀한 것은 없네

이 세상 부귀와 바꿀 수 없네

영 죽을 내 대신 돌아가신

그 놀라운 사랑 잊지 못해

세상 즐거움 다 버리고 세상 자랑 다 버렸네

주 예수보다 더 귀한 것은 없네

예수밖에는 없네.

주님께서 조지 쉐아의 마음에 찾아오셨습니다. 주님이 쉐아의 목자가 되어 주셨습니다. 그 이후로 조지 쉐아는 주님을 자신의 목자로 삼고 찬양으로 하나님께 영광 돌리는 것을 최고의 기쁨으로 삼았습니다. 이처럼 하나님은 친히 조지 쉐아의 목자가 되어 주셨습니다.

선한 목자이신 예수님

예수님은 선한 목자이십니다. 예수님 시대의 목자는 천하디 천한 직업이었습니다. 그럼에도 불구하고 예수님은 스스로 "나는 목자다. 나는 선한 목자다"라고 선언하셨습니다.

"나는 선한 목자라 선한 목자는 양들을 위하여 목숨을 버리거니와"
(요 10:11).

예수님은 선한 목자로 자처하셨습니다. 그리고 선한 목자로 그 시대의 수많은 사람들을 인도하시고, 보호해 주시고, 그들의 필요를 공급해 주셨습니다. 그리고 선한 목자이신 예수님은 자기 백성들에게 영광을 받기를 원하셨습니다. 이것이 바로 선한 목자가 되시는 예수님의 모습입니다.

하나님은 우리를 행복하게 하시는 선한 목자이시다.

하나님은 살아 계십니다. 살아 계신 하나님은 축복의 하나님이십니다. 축복의 하나님은 우리의 목자이십니다. 하나님은 스스로 우리의 목자가 되셨습니다. 하나님은 우리가 하나님을 알기 전에 먼저 우리를 사랑하셨습니다.

하나님은 우리가 그리스도를 원해서 보내 주신 것이 아니라 하나님께서 먼저 그리스도를 보내 주셨습니다. 하나님은 우리가 아직 죄인으로 있을 때 예수 그리스도를 통하여 우리에 대한 사랑을 확증해 주셨습니다. 이처럼 하나님은 우리의 요구가 아닌 하나님 스스로 우리의 선한 목자가 되셨습니다. 하나님은 우리를 행복하게 해주시는 선한 목자이십니다.

인도하시는 하나님

축복의 하나님은 선한 목자로서 우리의 삶의 주인이 되기를 원하십니다. 그리고 선한 목자로서 책임을 다하시는 분이 우리의 하나님이십니다. 하나님은 우리가 이 세상을 살아가면서 내 인생의 방향을 어느 방향으로 설정할 것인가를 알지 못할 때 우리의 삶을 인도해 주시는 분입니다. 하나님은 우리가 어떻게 사는 것이 인간답게 사는 것인가를 알고 계십니다. 하나님은 우리가 어떻게 사는 것이 행복한 삶인가를 알고 우리를 인도하십니다.

보호하시는 하나님

하나님은 우리를 지켜 주시고 보호해 주십니다. 마지막 때를 당하여 원수 마귀는 우는 사자와 같이 우리를 삼키려고 하고 있습니다. 이때 하나님의 보호하심이 없으면 우리는 또다시 마귀의 밥이 될 수밖에 없습니다. 그런데 하나님께서 우리를 지켜 주시고 보호해 주십니다. 그래서 우리를 하나님의 손에서 빼앗을 자가 없습니다. 하나님께서 우리를 보호해 주시기 때문에 그렇습니다.

공급하시는 하나님

더 나아가서 우리의 사랑하는 목자가 되시는 하나님은 우리에게 필요한 것을 공급해 주십니다. 우리는 예수를 믿어 구원을 얻었을 뿐만 아니라 모든 것이 잘되고 있습니다. 또 예수를 믿음으로 인하여 부족함이 없도록 하나님께서 공급해 주셨습니다. 이것이 바로 우리의 선한 목자가 되시는 하나님께서 우리의 필요를 공급해 주시는 것입니다.

찬양받기 원하시는 하나님

더 나아가서 하나님은 우리에게 선한 목자로 찬양 받기를 원하십니다. 다윗은 그 어두운 시대에, 이스라엘 백성들조차 농경문화를 선호하고 농경 신인 바알을 섬기고 있을 때 '여호와는 나의 목자'라고 고백함으로 하나님께 영광을 돌렸습니다.

하나님은 오늘 이 시대에도 우리를 통하여 영광 받으시기를 원하십니다. 수많은 사람들이 돈은 나의 신이요, 명예는 나의 신이요, 쾌락은 나의 신이라고 고백하고 있는 이 어두운 시대에도 하나님께서는 우리에게서 "여호와는 나의 목자"라는 고백을 듣고자 하십니다.

우리는 시편 23편을 통하여 '행복'이라는 주제로 하나님의 말씀을 묵상하기를 원합니다. 우리는 누구나 다 행복하기를 원합니다. 그렇다면 행복은 무엇일까요?

행복은 여호와께 있다.

행복은 여호와께 있습니다. 행복은 다른 것에 있지 않습니다. 행복은 바알에게 있지 않습니다. 행복은 돈에 있지 않습니다. 행복은 명예에 있지 않습니다. 행복은 쾌락에 있지 않습니다. 행복은 이 세상의 것에 있지 않습니다. 행복은 오직 여호와께 있습니다. 오직 여호와께 있는 행복은 구체적으로 무엇일까요?

❶ 행복은 하나님을 목자로 삼는 것이다.

다윗은 하나님을 목자로 삼았습니다. 다윗은 그 시대를 향하여 놀라운 선언을 하고 있습니다. 수많은 사람들이 농경문화를 선호하고 있고, 농경 신인 바알을 섬기고 있는 때에 다윗은 바알이 나의 목자가 아니라 여호와가 나의 목자라고 고백하고 있습니다.

오늘날 수많은 사람들이 돈과 명예와 쾌락을 추구하고 있습니다. 그것을 소유하면 행복해질 것으로 생각하고 그것을 따라가고 있습니다. 그러나 참된 행복은 거기에 있지 않습니다. 누가 행복한 사람인가요? 여호와를 자신의 목자로 삼은 사람입니다. 여호와를 자신의 하나님으로 삼은 사람입니다.

여러분! 세상 사람들처럼 하나님 외에 다른 것으로 여러분의 인생을 행복하게 만들려는 어리석음에 빠지지 마시기 바랍니다. 다윗처럼 여호와를 나의 하나님으로 삼는 여러분이 되시기를 바랍니다.

❷ 행복은 목자 되신 하나님으로부터 오는 것을 누리는 것이다.

행복은 하나님으로부터 오는 것을 받는 것입니다. 다윗은 자신의 삶을 통하여 하나님의 인도를 받았습니다. 하나님의 보호를 받았습니다. 하나님의 공급을 받았습니다. 행복은 세상이 주는 것으로 채워지지 않습니다. 행복은 하나님의 인도와 보호와 공급을 통하여 이루어지는 것입니다.

요한복음 4장을 보면 사마리아 여인이 나옵니다. 사마리아 여인은 주님을 만나기 전에 행복을 추구하였습니다. 매일매일 야곱의 우물에 나와서 우물물을 먹었지만 그는 목마른 여인이었습니다. 사마리아 여인은 남편이 다섯이나 있었지만 그 어떤 남편도 자기의 만족을 채워 주지 못하였습니다. 이것이 바로 하나님 외에 그 어떤 것으로도 우리 인생이 만족을 누릴 수 없다는 사실을 보여주고 있습니다. 그런데 그 여인이 생수가 되시는 예수님을 만나 비로소 행복하게 되었습니다.

여러분! 참된 행복을 누리기를 원하십니까? 세상이 주는 것으로는 행복을 누릴 수 없습니다. 하나님으로부터 오는 것을 통하여 행복을 누리시기 바랍니다. 하나님이 주신 것은 여러분을 행복하게 합니다. 하나님은 여러분을 위하여 생수의 강과 같은 성령을 부어 주십니다. 하나님은 여러분에게 필요한 것들을 공급해 주십니다. 그 하나님의 공급하심을 통하여, 하나님에게서 나오는 것을 통하여 인생의 행복을 누리는 여러분이 되시기를 바랍니다.

❸ 행복은 목자 되신 하나님을 찬양하는 것이다.

다윗은 하나님을 찬양하였습니다. 다윗은 위대한 음악가이자 위대한 시인이었습니다. 그는 하나님께서 주신 달란트로 비파와 수금을 타면서 하나님을 찬양했습니다. 또한 그는 마음속에서 우러나오는 시를 지어서 하나님을 찬양하였습니다.

"여호와는 나의 목자시니 내게 부족함이 없으리로다"라고 그는 노래하였습니다. 다윗은 이 시편 23편을 짓고 그의 평생을 통하여 이 시편을 가지고 노래를 불렀을 것입니다. 다윗이 하나님을 찬양할 때 그의 마음에는 행복이 가득 찼을 것입니다.

우리의 행복은 우리의 목자 되신 하나님을 찬양하는 데 있습니다. 하나님을 찬양할 때 감사가 넘치고, 하나님을 높일 때 우리 마음에 행복이 가득 차는 것입니다. 이러한 행복이 여러분에게 있기를 바랍니다.

여호와는 나의 목자이십니다. 하나님을 높이고 하나님을 찬양할 때 우리 마음에 행복이 샘솟듯 솟아날 것입니다. 많은 사람들이 여호와를 경시하고 있을 때 다윗은 "여호와는 나의 목자"라고 고백하였습니다.

🌱 행복은 신기루가 아니라 오아시스와 같다

사막에는 신기루와 오아시스가 있습니다. 신기루는 여행자를 현혹합니다. 신기루는 마치 오아시스가 있는 것처럼 보이게 합니다. 그러나 가까이 가면 사라지고 맙니다. 이처럼 신기루는 여행자를 속입니다. 신기루는 여행자를 지치게 만듭니다. 더 나아가서 신기루는 여행자를 불행에 빠뜨립니다.

그러나 오아시스는 다릅니다. 사막의 오아시스는 여행자에게 쉴 수 있는 그늘을 제공합니다. 오아시스는 여행자에게 마실 물을 제공합니다. 오아시스는 여행자에게 힘과 생명을 줍니다. 이처럼 오아시스는 여행자를 행복하게 합니다.

세상의 행복은 신기루와 같습니다. 세상의 행복은 우리에게 행복을 주는 것 같지만 그렇지 않습니다. 세상의 행복은 신기루와 같습니다. 그러나 하나님이 주시는 행복은 오아시스와 같습니다. 하나님이 주시는 행복은 우리에게 쉼을 줍니다. 우리에게 편안함을 줍니다. 우리에게 생명을 줍니다. 그러므로 하나님이 주시는 행복은 신기루가 아니라 오아시스와 같습니다.

조지 베브리 쉐아의 간증

조지 베브리 쉐아는 1983년 네덜란드의 암스테르담에서 전 세계의 전도자들이 모였을 때 특별 찬양을 하였습니다. 찬양이 끝나자

장내의 수많은 사람들이 일어나서 끝없는 박수갈채를 보냈습니다. 그 박수가 끝난 후 그가 남긴 말은 사람들을 숙연케 했습니다.

"감사합니다. 그러나 나는 여러분이 주신 박수갈채와 그리스도를 바꾸지 않겠습니다."

조지 쉐아가 이런 간증을 할 수 있었던 것은 그가 예수님을 자신의 목자로 삼았기 때문입니다.

여호와를 목자로 삼으십시오

오늘날 수많은 인생들이 하나님 외의 다른 것들을 추구하며 그것들을 통하여 행복을 얻기를 원하고 있습니다. 이 타락하고 어두운 시대에 다윗처럼 "여호와는 나의 목자"라고 고백하시기 바랍니다. 그래서 다윗처럼 행복한 삶을 살아가는 귀한 축복이 여러분에게 넘치기를 주님의 이름으로 축복합니다.

02

내게 부족함이 없으리로다

(시 23:1 하)

도움을 받는 나라에서 주는 나라로

우리나라는 과거에 가난한 나라였습니다. 그래서 다른 나라로부터 많은 도움을 받았습니다. 한국전쟁 때 우리나라를 위하여 세계 16개국에서 많은 병사들을 보냈습니다. 한국전쟁에 참여한 몇 만 명의 희생을 통하여 우리나라는 공산화되지 않을 수 있었습니다. 전쟁 후에도 우리는 미국과 서방의 원조를 받으면서 살아왔습니다.

그런데 불과 50년의 세월이 지난 지금 우리나라는 다른 나라를 도와주는 나라로 바뀌었습니다. 세계적으로 도움을 받는 나라에서 도움을 주는 유일한 나라가 되었습니다. 더 나아가 민주국가로 세계 속에 웅비할 수 있게 되었습니다. 그 비결이 무엇일까요?

궁핍한 시대

오늘 본문에 보면 다윗은 "여호와는 나의 목자"라고 고백하고 있습니다. 더 나아가서 "여호와는 나의 목자시니 내게 부족함이 없으리로다"라고 노래하고 있습니다. 여기서 '부족'이라는 단어는 '핫세르'라는 말로 '궁핍' 또는 '결핍'을 의미합니다.

사실 고대시대에는 굉장히 궁핍하였습니다. 지금의 이스라엘은 농산물을 많이 생산하고 있으며 저장 기술도 발달하였습니다. 잉여 농산물을 잘 저장하여 많은 농산물을 수출하는 나라가 되었습니다. 그러나 다윗 시대의 이스라엘은 굉장히 가난하였습니다. 그 당시 일반 백성들이 끼니를 위하여 내일을 염려하는 것은 오히려 사치스러운 것이었습니다. 내일은커녕 다음 끼니를 걱정하지 않을 수 없었습니다. 그런 시대에 다윗은 "여호와는 나의 목자시니 내게 부족함이 없으리로다"라고 노래하고 있습니다.

사사시대와 왕정시대

이스라엘의 역사를 보면 사사시대를 지나서 왕정시대로 접어들었습니다. 그때는 사울이 이스라엘의 왕이었습니다. 그런데 이스라엘이 왜 가난했을까요? 사사시대를 보면 이스라엘 백성들이 하나님을 잘 섬길 때는 편안하였습니다. 그러나 바알을 섬기고 우상을 숭배할 때는 하나님의 징계가 임하였습니다. 하나님의 징계는 가뭄으로 다가왔고, 때로는 이방인들의 약탈로 찾아왔습니다. 그래서 이스라엘 백성들은 항상 가난하였고 또 부족하였습니다. 그러다 보니 마음의 여유가 없었습니다.

가난했던 레위 소년

우리나라 말에 "광에서 인심 난다"는 말이 있습니다. 좀 넉넉해야 사람들의 마음이 여유롭습니다. 힘들면 사람들의 마음도 메마릅니다. 그 대표적인 사건이 사사시대에 레위 소년을 제사장으로 삼은 사건입니다. 레위 소년이 방황하다가 미가의 집에 가서 제사장이 되었습니다. 레위 소년이 방황한 이유는 가난 때문이었습니다. 이스라엘 백성들이 범죄함으로 하나님께 징계를 받아 가난하게 된 것입니다.

이스라엘 백성들이 영적으로 타락하고 물질적으로 궁핍하다 보니 십일조를 드리지 못하였습니다. 따라서 기업이 없이 백성들의 십일조로 생활하던 레위인들은 한 곳에 정착할 수 없었습니다. 그들은 북한의 가난한 자들처럼 먹을 것을 찾아 나설 수밖에 없었습니다. 이러한 악순환으로 레위 소년은 방황하였습니다. 그리고 레위 소년은 호구지책으로 개인 집의 제사장이 되고 말았습니다.

사랑에 굶주린 다윗

따라서 다윗 시대에는 어렵고 모든 것이 궁핍하였습니다. 특히 이 시를 지은 다윗은 사랑에 굶주렸고 사랑이 부족한 어린 시절을 보냈습니다. 여러분이 잘 아시다시피 하나님은 사울 왕을 세웠다가 왕을 폐하려 하셨습니다. 그래서 사무엘을 베들레헴 이새의 집에 보내어 이새의 아들 중 하나에게 기름을 붓게 하셨습니다.

사무엘이 기름을 가지고 베들레헴 이새의 집에 갔습니다. 사무엘은 그 집에 가서 아들들을 세워 놓고 누구에게 기름을 부을 것인가 보았습니다. 사무엘이 보니 첫째 아들 엘리압이 그럴듯했습니다. 그러나 하나님은 외모를 보시지 않았습니다. 둘째 아들 아비나답이 지나갔습니다. 셋째 아들 삼마도 보았습니다. 이렇게 해서 이새의 일곱 아들이 다 지나갔지만 하나님께서 정하신 아들이 없었습니다.

사무엘이 이새에게 묻습니다. "이 아들들이 다냐?" "아닙니다. 말째가 있습니다. 말째는 저 들판에서 양을 치고 있습니다." 사무엘은 그 아들을 불러오라고 하였습니다. 그가 바로 여덟 번째인 막내아들 다윗이었습니다. 사무엘은 그 다윗에게 기름을 부었습니다.

이 장면에서 여러분이 다윗의 입장이라면 어떠했겠습니까? 다윗은 그 가정에서 마치 서자와 같이 취급받았습니다. 사무엘 선지자가 이새와 그 아들들을 제사에 청했으므로 당연히 다윗도 그 자리에 있어야 했습니다. 그런데 다윗은 양을 쳐야 했기에 그 자리에 참석하지 못했습니다. 그때에 다윗이 받은 상처가 얼마나 컸겠습니까? 이처럼 다윗은 부모의 사랑이 부족한 환경에서 자랐습니다.

풍요의 신 바알을 섬기던 시대에

그런데 지금의 다윗은 "여호와는 나의 목자시니 내게 부족함이 없으리로다"라고 노래하고 있습니다. 지금의 이스라엘은 과거 목축업을 하다가 가나안에서 농경시대로 접어들었습니다. 가나안 사람들은 농사를 잘 짓기 위하여 바알을 섬겼습니다. 바알이 풍요의 신으로 비를 준다고 믿었습니다. 바알을 잘 섬겨야 바알이 비를 내려주어 농사를 지을 수 있다고 생각했습니다. 그래서 가나안 사람들과 일부 이스라엘 사람들은 농사를 잘 짓기 위하여 바알을 섬겼습니다.

많은 사람들이 바알을 신으로 섬길 때 다윗은 "여호와는 나의 목자"라고 노래하고 있습니다. 더 나아가서 다윗은 "내게 부족함이 없으리로다"라고 노래하고 있습니다. 당시의 시대적 환경은 바알이 풍요를 주는 신이요, 바알로 인하여 부족함이 없다고 노래하고 있습니다. 그런데 그때에 다윗은 "여호와는 나의 목자시니 내게 부족함이 없으리로다"라고 노래하고 있습니다.

모든 것이 부족한 시대

오늘 이 시대는 모든 것이 부족한 시대입니다. 지금 우리나라는 국민 소득 2만 불 시대를 넘어서고 있습니다. 그럼에도 불구하고 지금 끼니를 굶는 사람들이 많다고 합니다. 아니, 우리나라보다 훨씬 더 부자 나라인 미국에도 극빈자들이 많습니다. 미국에도 노숙자들이 많습니다. 하물며 우리나라이겠습니까? 또 우리나라 사람들은 현재 많은 것을 누리고 있지만 상대적 빈곤감에 사로잡혀 있는 사람들이 많습니다. 우리나라에는 서민들이 많습니다. 그런데 서민들 가운데 자신이 서민인 것을 남 탓으로 돌리는 자들이 60%나 된다고 합니다. 자신이 서민인 것이 정부 탓이고, 재벌 탓이라고 생각한다는 것입니다.

서민들은 부자들에게 적개심을 가지고 있습니다. 오늘 우리는 30, 40년 전보다도 많은 것을 누리고 있습니다. 그러나 다른 사람과 비교해서 자기 자신은 가난하고 부족하다고 생각하는 사람들이 많이 있습니다. 그리고 우리나라는 단순히 물질적인 빈곤뿐만 아니라 정신적으로도 공허한 상태에 있습니다. 윤리적, 도덕적으로도 빈곤합니다. 사실 우리나라는 경제적인 수준으로 보면 다른 어느 나라에도 뒤지지 않습니다.

부족하다는 아우성

그럼에도 불구하고 우리나라는 도덕적인 수준이 낮습니다. 윤리적인 수준이 다른 나라에 비해서 훨씬 낮습니다. 따라서 행복감도 굉장히 낮습니다. 많은 사람들이 정신적인 공허로 인하여 자살을 하고 있습니다. 부끄럽게도 OECD 국가 중에서 자살률이 제일 높은 나라가 우리나라입니다. 이것이 바로 정신적인 공허입니다.

동시에 출산율이 제일 낮습니다. 출산율의 저하로 우리 사회가 점점 고령화 사회가 되고 있습니다. 학교에는 학생 수가 줄어들고, 교실 수가 줄어들고 있습니다. 일해야 하는 젊은이가 점점 줄어가고 있습니다. 젊은이들이 점점 부족한 시대를 맞이하고 있습니다. 사람들은 모든 것이 부족하다고 아우성치고 있습니다. 이처럼 모든 것이 다 부족하다고 말하고 있는 시대가 오늘 이 시대입니다.

우리의 선언은?

오늘 이 시대에 우리는 어떤 선언을 해야 할까요? 우리는 다윗처럼 "여호와는 나의 목자시니 내게 부족함이 없으리로다"라고 할 수 있어야 하지 않겠습니까? 이 고백이 우리에게 있어야 하지 않겠습니까? 오늘 우리는 시편 23편을 그냥 무의미하게 읽고 암송하지는 않습니까? 과연 우리는 다윗처럼 "여호와는 나의 목자시니 내게 부족함이 없으리로다"라고 선언하고 있는지요? 오늘 이 시간 우리는 우리 자신을 뒤돌아보아야 할 것입니다.

축복의 하나님

오늘 본문에 나오는 다윗의 하나님은 축복의 하나님입니다. 하나님은 자기 백성들을 축복하시되 시시하게 축복하시는 것이 아니라 풍성하게 축복하십니다.

다윗은 "여호와는 나의 목자시니 내게 부족함이 없으리로다"라고 노래하고 있습니다. 다윗이 이렇게 노래하는 것은 시대적으로 맞지 않는 노래입니다. 그럼에도 불구하고 다윗이 이렇게 노래하고 있는 것은 여호와를 경험하였기 때문입니다. 다윗이 만난 하나님은 다윗의 목자일 뿐만 아니라 다윗에게 부족함이 없도록 해주시는 하나님입니다. 그래서 다윗은 이렇게 노래하고 있습니다. 그러면 더 구체적으로 다윗의 하나님은 어떤 하나님일까요?

1 다윗의 하나님은 풍성하신 분입니다.

다윗의 하나님은 부족한 분이 아닙니다. 하나님은 어느 부분에서도 부족함이 없으신 분입니다. 하나님은 완전하신 분입니다. 하나님의 속성 중에 하나는 완전함입니다. 하나님이 완전하시다는 것은 하나님이 풍성하신 분이라는 것입니다. 풍성하신 하나님이 우주 만물을 만드셨으매 이 우주가 얼마나 풍성합니까? 이 지구가 얼마나 아름답습니까? 이처럼 풍성하신 하나님은 온 세상을 풍성하게 만드셨습니다.

이처럼 풍요는 바알의 것이 아니라 하나님의 것입니다. 풍요는 바알이 주는 것이 아니라 하나님이 주시는 것입니다. 여호와는 목축신으로만 제한된 신이 아닙니다. 바알이 비를 내리는 것이 아니라 여호와께서 비를 주시는 하나님임을 성경은 가르쳐 주고 있습니다.

엘리야 시대에 3년 6개월 동안 비를 오지 않게 하신 분도 여호와입니다. 그리고 오지 않던 비를 다시 오게 하신 분도 여호와입니다. 그래서 바알이 비의 신이 아닙니다. 바알이 풍요의 신이 아닙니다. 여호와께서 비의 신입니다. 여호와께서 풍요의 신입니다. 성경은 이 사실을 우리에게 가르쳐 주고 있습니다. 풍성함은 하나님의 영광스러운 속성입니다.

2 하나님은 자기 백성들을 풍성하게 해주시는 분입니다.

하나님은 하나님 자신이 풍성하실 뿐만 아니라 하나님의 백성들을 부족하지 않고 풍성하게 하시는 분입니다. 다윗은 그 하나님을 경험했습니다. 이스라엘의 역사를 보십시오. 사울 왕 이후에 다윗이 왕이 되었습니다. 다윗의 신분은 바뀌었습니다. 목동에서 왕으로 바뀌었습니다. 다윗은 한 나라의 왕이 되었습니다. 개인적으로 보면 다윗은 왕으로서 풍성한 삶을 누렸습니다.

그리고 다윗으로 인하여 이스라엘은 그 지역에서 가장 강력한 강대국이 되었습니다. 그 이전에는 조공을 바치는 나라였습니다. 그러나 다윗이 왕이 되고 난 후에는 수많은 나라를 정복하고 조공을 받았습니다. 부강한 나라가 되었습니다. 왜 그렇습니까? 다윗의 하나님은 풍성한 하나님이시기 때문입니다. 풍성한 하나님께서 자기 백성들을 풍성하게 하셨던 것입니다.

3 하나님의 풍성함에는 부족함이 없습니다.

다윗은 "여호와는 나의 목자시니 내게 부족함이 없으리로다"라고 노래하고 있습니다. 이 노래는 시편 34편 10절에서도 발견할 수 있습니다.

"젊은 사자는 궁핍하여 주릴지라도 여호와를 찾는 자는 모든 좋은 것에 부족함이 없으리로다"(시 34:10).

여러분! 젊은 사자는 궁핍할 수가 없습니다. 어린 사자나 늙은 사자는 궁핍할 수 있지만 젊은 사자는 날렵합니다. 젊은 사자는 한 번 사냥을 하면 먹잇감을 놓치지 않습니다. 그런데 젊은 사자가 궁핍할지라도 여호와를 찾는 자는 모든 것에 부족함이 없다고 다윗은 노래하고 있습니다.

풍성하신 하나님은 이스라엘 백성들이 광야생활을 할 때에도 풍성하게 하셨습니다.

"네 하나님 여호와께서 네가 하는 모든 일에 네게 복을 주시고 네가 이 큰 광야에 두루 다님을 알고 네 하나님 여호와께서 이 사십 년 동안을 너와 함께하셨으므로 네게 부족함이 없었느니라 하시기로"(신 2:7).

광야에서의 풍성함

이스라엘 백성들은 광야생활을 할 때 부족함이 없었습니다. 하나님은 이스라엘 백성들에게 매일 만나를 주셨습니다. 고기를 원할 때는 메추라기를 주셨습니다. 참으로 신기한 것은 40년 동안의 광야생활에서 이스라엘 백성들의 신발이 해어지지 않았다는 것입니다. 옷이 낡지도 않았습니다. 하나님은 이스라엘 백성들이 광야에서 부족함이 없도록 그들의 모든 필요를 채워 주셨습니다. 이처럼 하나님의 풍성함에는 부족함이 없습니다.

하나님은 풍성한 분이십니다. 하나님 자신이 풍성한 분이시고, 하나님의 백성들을 풍성하게 하시는 분입니다. 바알이 풍성함을 주는 것이 아니라 하나님이 풍성함을 주시는 분입니다. 하나님은 풍성한 분으로서 하나님의 백성들로부터 다윗처럼 "여호와는 나의 목자시니 내게 부족함이 없으리로다"라는 찬양을 받기에 합당한 분이십니다.

예수님은 하나님의 풍성함이다.

예수님은 풍성한 분이십니다. 예수님은 하나님의 풍성함입니다. 선한 목자이신 예수님은 이렇게 선언하셨습니다.

"도둑이 오는 것은 도둑질하고 죽이고 멸망시키려는 것뿐이요 내가 온 것은 양으로 생명을 얻게 하고 더 풍성히 얻게 하려는 것이라"(요 10:10).

예수님은 이 세상에 선한 목자로 오셔서 자기 양들을 풍성하게 하시는 분입니다. 예수님은 생명이 없는 자에게 생명을 주셨습니다. 예수님은 질병으로 고통 받고 있는 자를 치유해 주셨습니다. 예수님은 귀신 들린 비정상적인 사람을 정상으로 돌려 놓으셨습니다. 예수님은 굶주린 자들을 배불리 먹이셨습니다. 이처럼 선한 목자가 되시는 예수님은 만나는 모든 사람들의 삶을 풍성하게 해주셨습니다. 이처럼 예수님은 하나님의 풍성함입니다.

하나님은 우리를 풍성하게 하신다.

하나님은 살아 계십니다. 살아 계신 하나님은 축복의 하나님이십니다. 축복의 하나님은 우리를 축복하시되 풍성하게 하시는 분입니다. 왜냐하면 하나님은 풍성한 분이시기 때문입니다. 하나님은 우리를 풍성하게 하시기 위하여 가장 소중한 예수님을 우리에게 주셨습니다. 하나님은 예수님을 통하여 우리를 풍성하게 하셨습니다. 하나님은 어떤 분이실까요?

"자기 아들을 아끼지 아니하시고 우리 모든 사람을 위하여 내주신 이가 어찌 그 아들과 함께 모든 것을 우리에게 주시지 아니하겠느냐"(롬 8:32).

하나님은 우리를 풍성하게 하시기 위하여 하나님의 아들 예수님을 주셨습니다. 우리에게 예수님을 주신 하나님께서 아낄 것이 무엇이겠습니까? 하나님은 모든 것을 주시는 하나님이십니다.

광야에서 이스라엘 백성들에게 모든 것을 공급하신 하나님께서 오늘 이 광야와 같은 세상을 살아가고 있는 우리의 하나님이십니다. 우리의 모든 것을 공급하시는 하나님이십니다. 우리에게 필요한 모든 의식주를 주셔서 우리를 풍성하게 하시는 하나님이십니다. 풍성하신 하나님은 우리를 행복하게 하시는 분입니다. 그러면 행복은 무엇일까요?

행복은
풍성한 것이다.

　행복은 풍성한 것입니다. 만약에 부족함이 있다면 그것은 행복이 아닙니다. 마귀는 우리에게서 모든 것을 빼앗아 갑니다. 마귀는 우리를 가난하게 합니다. 마귀는 우리를 부족하게 합니다. 그래서 우리를 불행하게 합니다. 그러나 참된 행복은 풍성한 것입니다. 하나님은 우리를 풍성하게 하셔서 행복하게 하십니다. 풍성한 행복은 어떤 의미가 있을까요?

❶ 행복은 부족함이 없는 하나님께로부터 오는 것이다.

　행복은 풍요의 신으로 잘못 알려진 바알에게서 오는 것이 아닙니다. 행복은 풍성하신 하나님께로부터 오는 것입니다. 더 나아가서 행복은 풍성함 그 자체도 아닙니다. 행복은 풍성하게 해 주시는 하나님께로부터 오는 것입니다. 사람들은 행복을 풍성함 그 자체로 생각합니다. 많은 것을 소유하면 행복해질 것으로 생각하고 있습니다. 그러나 그것은 참된 행복이 아닙니다.

롯의 불행

　아브라함과 그의 조카 롯을 보십시오. 두 사람 사이에 가축이 너무나 많아서 목초지가 부족하였습니다. 그래서 아브라함의 종들과 롯의 종들 사이에 다툼이 일어났습니다. 이것을 보고 아브라함이 롯을 불렀습니다. 아브라함은 롯으로 하여금 사방을 둘러보게 하였습니다. 그리고 아브라함은 롯에게 먼저 선택권을 주었습니다. 롯이 요단 동편을 보니 목초지가 너무나 아름다웠습니다. 그 땅은 소돔 고모라 땅이었습니다. 롯은 그 땅을 취하였습니다. 롯은 풍성함 그 자체를 바라보면서 그것을 취하면 행복할 줄로 알았습니다.

그러나 그 행복은 얼마가지 않았습니다. 소돔 땅은 풍요의 땅이었지만 죄악이 관영하였습니다. 하나님께서는 그 소돔을 유황불로 멸하셨습니다. 요단 동편을 택하였던 롯은 소돔 땅이 멸망당할 때 두 딸과 함께 그 성에서 빠져나왔습니다. 풍성함을 취하면 행복해질 줄로 알았던 롯은 모든 것을 잃어버렸습니다.

아브라함의 행복

그러나 아브라함은 여호와를 택하였습니다. 롯이 떠난 후에 하나님께서 아브라함을 축복하셨습니다. 하나님은 아브라함에게 "동서남북을 바라보라. 이 모든 땅을 너와 네 후손에게 주리라" 하셨습니다. 하나님은 아브라함을 풍성하게 하셨습니다.

여러분은 행복해지기를 바라십니까? 그러면 바알을 쫓아가지 마시기 바랍니다. 돈을 쫓아가지 말기 바랍니다. 하나님 외에 풍성함 그 자체를 구한다 할지라도 그것이 진정한 행복을 가져다주지 않습니다. 그것은 유황불에 탈 신기루와 같은 것입니다. 행복은 하나님께로부터 오는 것입니다. 여러분은 하나님을 구하는 사람이 되기를 바랍니다. 그러면 행복한 사람이 될 수 있습니다.

❷ 행복은 하나님의 풍성한 공급으로 부족함이 없는 것이다.

다윗은 왕이 되었습니다. 다윗은 하나님의 풍성한 공급으로 부족함이 없게 되었습니다. 다윗은 이제 모든 것이 달라졌습니다. 다윗은 부모로부터 인정을 받았습니다. 다윗의 형들이 그를 무시하지 못하였습니다. 오히려 형들이 다 다윗의 그늘 아래서 살게 되었습니다. 다윗이 다스리는 나라는 부강하게 되었습니다.

이처럼 다윗은 하나님이 공급해 주시는 풍성한 것으로 부족함이 없는 삶을 살았습니다. 때로는 사울에게 쫓겼고, 때로는 전쟁터에서 위험한 일을 만났을지라도 다윗은 하나님으로 인하여 행복한 자였습니다.

나의 행복지수

우리는 하나님으로부터 풍성한 공급을 받았습니다. 그래서 우리는 행복한 자입니다. 대한민국에서 여러분의 행복지수는 어느 정도입니까? 저는 대한민국에서 행복지수 1% 안에 들어간다고 자부합니다. 왜냐하면 하나님께서 제 삶을 풍성하게 하셨기 때문입니다. 하나님은 제 삶을 영육 간에 축복하셨습니다. 저는 하나님의 풍성한 공급으로 부족함이 없는 자가 되었습니다.

이러한 축복이 여러분에게도 넘치기를 바랍니다. 하나님께서 함께 하시고 하나님께서 공급하시면 부족함이 없는 삶을 살게 될 것입니다.

❸ 행복은 하나님께서 나를 풍성하게 하셨다고 고백하는 것이다.

다윗은 "여호와는 나의 목자시니 내게 부족함이 없으리로다"라고 고백하였습니다. 행복은 "여호와는 나의 목자시니 내게 부족함이 없으리로다"라고 고백하는 데 있습니다. 당시 사람들은 허황된 고백을 하고 있었습니다. "바알은 풍요의 신이요 내게 부족함이 없으리로다"라고 고백한 것입니다. 그때 다윗은 "여호와는 나의 목자시니 내게 부족함이 없으리로다"라고 노래하였습니다.

그 당시 농경시대의 신은 바알이었습니다. 가나안 사람들은 타작마당에서 타작을 하였습니다. 타작마당에는 바알의 제단이 있었습니다. 그들은 그곳에서 바알을 섬겼습니다. 그리고 풍요를 가져다준다는 바알을 섬기는 의식이 있었습니다. 그 의식에는 음행이 있었습니다. 그 타작마당에서 바알을 섬기면서 음란한 짓을 하였습니다.

"이스라엘아 너는 이방 사람처럼 기뻐 뛰놀지 말라 네가 음행하여 네 하나님을 떠나고 각 타작마당에서 음행의 값을 좋아하였느니라" (호 9:1).

이렇게 가나안 사람들은 타작마당에서 추수하면서 바알 신을 섬겼습니다. 그 자리에서는 음행도 행해졌습니다. 이것이 바로 이스라엘의 타작마당이었습니다. 가나안 사람들은 그 타작마당에서 바알이 풍요를 주었다고 바알을 섬기는 의식을 행하였습니다.

다윗의 고백

그런데 다윗은 이것을 바꾸었습니다. 여러분이 잘 아시는 대로 다윗이 범죄함으로 징계를 받았습니다. 하나님의 징계로 나라에 온역이 임하여 수많은 사람들이 죽었습니다. 그래서 하나님의 진노를 멈추게 하기 위하여 하나님께 제사를 드렸습니다.

다윗은 그 제사를 아리우나 타작마당에서 드렸습니다. 주인은 다윗에게 타작마당과 함께 하나님께 드릴 제물로 자신의 짐승을 사용하고 화목으로 자신의 농기구를 사용하라고 했습니다. 주인은 무상으로 모든 것을 제공하려 하였습니다. 그런데 다윗은 무상으로 사용하려 하지 않았습니다. 다윗은 값을 지불하였습니다. 다윗은 600세겔을 지불하고 그 타작마당에서 하나님께 제사를 드렸습니다.

여기에는 중요한 의미가 있습니다. 타작마당은 바알을 섬기는 장소였습니다. 그런데 다윗은 정당한 값을 지불하고 그 타작마당에서 여호와께 제사를 드렸습니다. 다윗은 타작마당이 바알에게 제사를 드리는 장소가 아니라 여호와께 제사를 드리는 장소여야 함을 백성들에게 선포한 것입니다.

다윗은 타작마당에서 바알이 풍요를 가져다주는 것이 아니라 하나님께서 풍요를 주신다고 고백하였습니다. 이처럼 다윗은 하나님이 나를 풍성하게 하셨다고 고백하고 있습니다. 그래서 다윗은 누구보다 행복한 자였습니다. 다윗의 고백이 여러분의 고백이 되시기를 바랍니다. 하나님이 나를 풍성하게 하셨다고 고백하시기 바랍니다. 진정한 행복은 하나님이 나를 풍성하게 하셨다고 고백하는 것입니다.

행복은 가을 들판과 같다.

행복은 가을 들판과 같습니다. 가을 들판은 삭막한 겨울 들판과 같지 않습니다. 가을 들판은 파릇파릇 새싹만 나는 봄 들판과 같지 않습니다. 가을 들판은 푸르름만 무성한 여름 들판과 같지 않습니다. 가을 들판은 추수의 들판입니다. 가을 들판은 풍요로움의 들판입니다. 가을 들판에는 풍성함이 있고 부족함이 없습니다. 그래서 가을 들판에는 기쁨이 넘치고 노래가 넘칩니다. 가을 들판에는 행복이 넘칩니다.

행복도 마찬가지입니다. 하나님이 주신 행복에는 삭막함이 없습니다. 쓸쓸함이나 추위가 없습니다. 하나님이 주신 행복에는 가난함이 없습니다. 하나님이 주신 행복에는 부족함이 없습니다. 하나님이 주신 행복에는 풍성함만 있습니다. 하나님이 주신 행복에는 기쁨과 감사와 노래가 넘칩니다. 그러므로 하나님이 주신 행복은 가을 들판과 같습니다.

우리의 고백

진정한 행복은 바로 여기에 있습니다. 하나님께서 우리에게 베풀어 주시 행복은 풍성합니다. 부족함이 없습니다. 이 행복은 하나님께서 주셨다고 선언할 때 더 행복해질 수 있습니다. 아무리 많은 것을 가지고 있다 할지라도 하나님과 상관없이 얻은 것은 행복이 아닙니다.

또 아무리 많은 것을 가지고 있다 할지라도 하나님을 찬양하지 않으면 거기에는 참된 행복이 없습니다. 그 사람은 여전히 가난한 자입니다. 그러나 어떤 형편에 있을지라도 하나님이 나를 축복하셨다고 고백하면 행복한 자입니다. 하나님이 나를 풍성하게 하셨다고 고백하는 자는 더 행복해질 수 있습니다.

부족함이 없는 행복

다윗처럼 하나님이 주신 축복을 믿음의 눈으로 헤아리시기 바랍니다. 하나님이 나를 이처럼 부족함이 없게 하셨다고 노래하고 찬양하시기 바랍니다. 그러면 여러분의 마음이 하나님이 주시는 행복으로 가득 차게 될 것입니다. 오늘날 많은 사람들이 하나님 없이 행복해지기를 원하고 있습니다. 그래서 많은 것을 소유하고 있지만 부족하다고 말하고 있습니다. 그들은 가난한 사람들입니다. 그들은 행복하지 않습니다.

그러나 우리는 여호와를 나의 목자로 삼았습니다. 우리는 하나님이 내게 베풀어 주신 것을 믿음의 눈으로 헤아리는 자입니다. 우리는 하나님으로 인하여 부족함이 없습니다. 그래서 우리는 "여호와는 나의 목자시니 내게 부족함이 없으리로다"라고 노래하는 행복한 사람입니다. 이렇게 행복한 삶을 살아가는 성도들이 되기를 주님의 이름으로 축복합니다.

03

그가 나를 푸른 풀밭에 누이시며

(시 23:2 상)

국민의 행복지수

이 세상에는 선진국이 있고 후진국이 있습니다. 이 세상에는 부유한 나라가 있고 가난한 나라가 있습니다. 그렇다고 국민들의 행복지수가 경제적인 것과 반드시 비례하지는 않습니다. 오히려 행복지수는 경제지표와 반비례하는 것을 봅니다. 행복지수가 높은 나라는 경제적으로 부유한 미국이나 유럽 국가가 아닙니다. 행복지수가 높은 나라는 오히려 방글라데시나 캄보디아같이 가난한 나라입니다.

얼마 전에 제가 캄보디아를 갔다 왔습니다. 캄보디아는 가난한 나라입니다. 그러나 그 나라 국민들의 행복지수는 굉장히 높습니다. 캄보디아는 1970년대 후반에 킬링필드의 역사적인 아픔을 경험하였습니다. 인구 900만 명 중 200만 명이나 학살당하는 민족적인 아픔을 경험하였습니다.

그럼에도 불구하고 지금의 캄보디아 국민들의 행복지수는 경제적으로 부강한 우리나라보다 훨씬 더 높습니다. 왜 그들이 우리보다 행복지수가 높을까요? 우리는 풍족하게 살면서도 다른 사람과 비교하기 때문에 상대적 빈곤감을 느낍니다. 그래서 행복하지 않고 불행하다고 생각합니다. 반면에 그들은 자신을 다른 사람과 비교하지 않습니다. 현재 생활에 만족하고 있습니다. 그래서 그들은 행복하다고 생각합니다.

행복의 조건

우리의 행복은 경제적인 것에만 있지 않습니다. 물론 행복의 조건으로 경제적인 것을 무시할 수 없습니다. 성경도 물질의 부요를 하나님의 복으로 표현하고 있습니다. 그러나 행복은 물질 그 이상입니다. 행복은 마음에 있습니다. 마음이 평안하면 행복합니다. 마음에 여유가 있으면 행복합니다. 무엇보다도 마음이 하늘의 것으로 차 있으면 행복합니다. 하나님은 물질의 풍요로움과 마음의 여유로움과 영적 풍성함으로 우리를 행복하게 해주시는 분입니다.

다윗의 노래

다윗은 시편 23편 2절에서 "그가 나를 푸른 풀밭에 누이시며"라고 노래하고 있습니다. 다윗은 여호와가 자신을 푸른 풀밭에 누이신다고 노래하고 있습니다. 그런데 사실 다윗이 양을 치던 베들레헴을 비롯한 유대 광야에는 푸른 풀밭이 그리 많지 않았습니다. 푸른 풀밭은 북쪽 갈릴리 쪽에 많이 형성되어 있었습니다. 다윗이 양을 치던 유대 광야는 우기에만 푸른 풀밭이 조금 있었고 1년 중 대부분은 황량한 광야였습니다. 그런데 어떻게 푸른 풀밭에 누울 수 있겠습니까?

유대 광야의 환상과 실체

우리는 시편 23편을 읽으며 잘못된 환상을 가지고 있습니다. 다윗이 "그가 나를 푸른 풀밭에 누이시며 쉴 만한 물 가로 인도하시는도다"라고 노래하고 있기에 우리는 유대 광야를 잘 정돈되고 푸른 풀밭이 끝없이 펼쳐진 곳으로 연상합니다. 우리는 우유 광고에 나오는 뉴질랜드의 목장이나 대관령 목장을 상상합니다. 그러나 다윗이 양을 치던 유대 광야는 풀이 많지 않았습니다.

오히려 유대 광야는 척박한 곳이었습니다. 도처에 가시덤불이 있었습니다. 그래서 양들이 가시덤불로 인하여 상처를 입었습니다. 그리고 가시덤불이 양털에 달라붙었기에 목자들이 양털 작업을 할 때 애를 먹었습니다. 유대 광야는 죽은 동물의 시체로 파리 떼가 들끓었습니다. 그래서 목자들이 양 떼들을 푸른 풀밭으로 인도하는 것은 쉬운 일이 아니었습니다.

푸른 풀밭에 누이시며

그리고 오늘 말씀을 보면 다윗은 "푸른 풀밭에 누이시며"라고 했습니다. 여기에서 '눕는다'는 표현은 네 발 가진 짐승이 네 다리를 쭉 뻗고 편안하게 쉬는 모습입니다. 양이 풀밭에 누워 있다는 것은 경계심과 긴장감을 풀고 편안하게 쉬고 있는 것을 표현한 것입니다.

그런데 유대 광야에는 양이 배불리 먹을 풀도 제대로 없는데 어떻게 편안히 누워 쉴 수 있겠습니까? 다윗의 표현대로 유대 광야에서 목자가 양들을 푸른 풀밭에 눕게 하는 것은 결코 쉬운 일이 아니었습니다. 그럼에도 불구하고 다윗은 어떻게 이런 노래를 부를 수 있었을까요?

배부르고 등 따뜻한 삶

우리는 누구나 다 다윗이 노래하는 삶을 원하고 있습니다. 우리 조상들은 배부르고 등 따뜻한 것을 소망하였습니다. 그만큼 우리 민족은 가난하게 살았습니다. 그리고 우리 민족은 외침으로 인하여 전쟁의 고통과 긴장감 속에서 살았습니다. 그래서 우리 조상들은 배부르고 등 따뜻한 것을 소망하였습니다.

이런 소망은 오늘을 살아가고 있는 우리도 마찬가지입니다. 우리의 삶은 마치 전쟁터와 같습니다. 약육강식의 법칙이 정글에만 있는 것이 아니라 우리의 삶 속에도 있습니다. 우리는 치열한 경쟁 속에서 살아가고 있습니다. 우리의 삶은 각박하고 늘 초조하고 긴장감이 흐르고 있습니다. 따라서 우리는 편안한 삶을 소망하고 있습니다. 다윗이 활동하던 유대 광야가 척박한 환경이었던 것과 같이 오늘 우리가 살아가고 있는 세상도 척박하고 긴장감이 흐르고 있습니다.

그런데 다윗은 그 척박한 유대 광야의 환경 속에서도 여호와가 나를 푸른 풀밭에 누이신다고 노래하고 있습니다. 여러분도 다윗처럼 이런 고백을 할 수 있을까요? 우리가 어떻게 하면 다윗과 같은 노래를 부를 수 있을까요?

축복의 하나님

다윗의 하나님은 축복의 하나님이십니다. 축복의 하나님은 우리를 풀밭으로 인도하시고 우리를 눕게 하시는 분입니다. 다윗이 활동하였던 유대 광야는 결코 그런 환경이 아니었습니다. 그럼에도 불구하고 다윗이 이런 노래를 할 수 있었던 것은 그의 척박한 삶에 하나님이 함께하셨기 때문입니다. 다윗은 하나님이 자신을 푸른 풀밭에 눕게 하신 것을 경험하였기 때문입니다. 축복의 하나님은 다윗의 삶을 행복하게 해주기 위하여 어떻게 역사하고 계실까요?

1 하나님은 자기 백성을 푸른 풀밭으로 인도하십니다.

유대 광야에서 선한 목자의 가장 큰 임무는 자기의 양 떼를 푸른 풀밭으로 인도하는 것입니다. 다윗은 유능한 목자였습니다. 다윗은 푸른 풀밭이 어디에 있는지 알았습니다. 그리고 다윗은 양 떼를 푸른 풀밭으로 인도하였습니다. 다윗은 목동으로서 자신의 양 떼를 위하여 최선을 다하여 푸른 풀밭으로 인도하였습니다. 이것이 양 떼를 위한 선한 목자의 모습입니다.

하나님은 하나님의 백성들에게 관심을 가지십니다. 하나님은 하나님의 백성들을 푸른 풀밭으로 인도하기 원하십니다. 하나님은 백성의 지도자들이 백성들을 푸른 풀밭으로 인도하지 않으면 진노하시는 하나님이십니다.

"인자야 너는 이스라엘 목자들에게 예언하라 그들 곧 목자들에게 예언하여 이르기를 주 여호와께서 이같이 말씀하시되 자기만 먹는 이스라엘 목자들은 화 있을진저 목자들이 양 떼를 먹이는 것이 마땅하지 아니하냐 너희가 살진 양을 잡아 그 기름을 먹으며 그 털을 입되 양 떼는 먹이지 아니하는도다" (겔 34:2-3).

에스겔 선지자는 양들을 배불리 먹여야 할 목자의 기본적인 직무를 유기한 당시의 지도층을 향해 하나님의 심판의 메시지를 전하였습니다. 이처럼 하나님은 하나님의 백성들을 푸른 풀밭으로 인도하기를 원하십니다.

다윗의 하나님은 다윗을 푸른 풀밭으로 인도하셨습니다. 다윗의 삶은 험난하였습니다. 다윗의 삶의 환경은 유대 광야와 같았습니다. 그러나 하나님은 선한 목자이십니다. 선한 목자이신 하나님은 다윗을 푸른 풀밭으로 인도하는 유능한 목자이셨습니다.

정확하게 인도하시는 하나님

하나님의 인도하심은 정확합니다. 내비게이션은 우리가 원하는 목적지까지 잘 인도해 줍니다. 그러나 가끔씩 실수를 합니다. 우리는 가끔 내비게이션을 너무 맹신하다가 원하지 않는 장소에 간 경험이 있을 것입니다. 한번은 제가 내비게이션으로 강화도에 있는 어떤 펜션을 찾아갈 때였습니다. 내비게이션이 넓고 편한 길로 인도하지 않고 산을 넘는 비포장 도로로 인도하는 것이었습니다. 내비게이션의 잘못된 인도로 굉장히 고생했습니다.

그러나 우리의 하나님은 정확하게 인도하십니다. 하나님은 우리가 가야 할 푸른 풀밭의 위치를 정확하게 아십니다. 그리고 하나님은 푸른 풀밭까지 가장 빠르고 가장 편한 길로 인도해 주십니다. 우리를 인도하시는 하나님은 실수가 없으십니다. 이처럼 하나님은 우리를 푸른 풀밭으로 정확하게 인도하십니다.

2 하나님은 자기 백성을 푸른 풀밭에서 먹이십니다.

하나님은 자기 백성을 푸른 풀밭에서 배불리 먹이십니다. 유대 광야에서 선한 목자의 가장 중요한 덕목은 자기 양 떼를 배불리 먹이는 것입니다. 다윗은 선한 목자로서 자기 양 떼를 푸른 풀밭으로 인도하여 배불리 먹이는 목자였습니다. 그래서 다윗은 여호와께서 자기를 푸른 풀밭으로 인도하시고 먹이신다고 노래하였습니다.

에스겔의 탄식

하나님은 자기 백성들을 푸른 풀밭으로 인도하시고 배불리 먹이는 데 관심을 쏟고 계십니다. 하나님은 무능하고 잘못된 목자를 만나 굶주린 이스라엘 백성들을 안타깝게 여기시는 분입니다. 그래서 하나님은 자신이 친히 그들의 목자가 되셔서 그들을 먹이겠다고 약속하십니다.

"내가 그것들을 만민 가운데에서 끌어내며 여러 백성 가운데에서 모아 그 본토로 데리고 가서 이스라엘 산 위에와 시냇가에와 그 땅 모든 거주지에서 먹이되 좋은 꼴을 먹이고 그 우리를 이스라엘 높은 산에 두리니 그것들이 그곳에 있는 좋은 우리에 누워 있으며 이스라엘 산에서 살진 꼴을 먹으리라 내가 친히 내 양의 목자가 되어 그것들을 누워 있게 할지라 주 여호와의 말씀이니라"(겔 34:13-15).

이처럼 에스겔은 무능한 지도자로 인하여 탄식하였습니다. 하나님은 무능한 목자로 인하여 굶주린 이스라엘 백성들을 안타깝게 생각하셨습니다. 그래서 하나님께서 친히 이스라엘 백성들을 먹이겠다고 말씀하십니다.

배불리 먹이시는 하나님

하나님은 이스라엘 백성들이 어디에 있든지 배불리 먹이시는 분입니다. 하나님은 이스라엘 백성들이 40년 동안 광야 생활을 할 때도 배불리 먹이신 분입니다. 광야는 척박한 곳입니다. 광야에서는 농사를 지을 수 없습니다. 광야에서는 양식을 살 수도 없습니다. 그러나 하나님께서는 이스라엘 백성들을 풍성히 먹여 주셨습니다.

하나님은 이스라엘 백성들에게 매일 만나를 내려 주셨습니다. 하나님은 이스라엘 백성들이 고기를 원하자 메추라기를 보내 주셨습니다. 하나님은 이스라엘 백성들이 목말라하자 반석에서 물을 내어 마시게 하셨습니다. 하나님은 이스라엘 백성들이 광야에서 40년 동안 생활할 때 옷이 해어지지 않게 하셨습니다. 신발이 닳지 않게 하셨습니다.

하나님은 광야를 하나님의 풀밭으로 만드셨습니다. 그리고 하나님은 그 광야에서 이스라엘 백성들에게 풍성한 것을 공급해 주셨습니다. 이처럼 하나님은 자기 백성들을 푸른 풀밭으로 인도하시고 푸른 풀밭에서 풍성한 것을 공급해 주시는 분입니다.

3 하나님은 자기 백성을 푸른 풀밭에 눕게 하십니다.

유대 광야에서 선한 목자는 자기 양 떼를 푸른 풀밭에 눕게 합니다. 양들은 푸른 풀밭에 누울 때 목자를 전적으로 신뢰합니다. 양들은 목자로 인하여 긴장감을 풉니다. 양들은 맹수에 대한 경계심을 완전히 풀고 편안함을 누립니다. 양들은 완전히 무장을 해제한 채로 참된 안식을 누립니다.

다윗은 자신의 삶 속에서 자신을 푸른 풀밭에 눕게 하시는 하나님을 경험하였습니다. 다윗은 수많은 전쟁을 치렀습니다. 때로는 쫓기는 삶을 살았습니다. 사울이 살아 있을 때 다윗은 항상 쫓기는 삶을 살았습니다. 그러나 하나님께서는 다윗을 편안한 곳으로 인도하셔서 다윗을 쉬게 해주셨습니다.

푸른 풀밭에 누운 다윗

한번은 다윗이 사울에게 쫓기다가 엔게디 황무지에 들어갔습니다. 다윗은 한 굴에서 부하들과 함께 쉬고 있었습니다. 그때 사울이 발을 가리기 위해 혼자 굴 속에 들어왔습니다. 다윗의 부하들이 사울을 죽이자고 하였습니다. 다윗은 사울을 죽일 수 있는 절호의 기회를 얻은 것입니다. 그러나 다윗은 사울을 죽이지 않고 사울의 겉옷자락만 베었습니다.

이때 사울은 다윗을 쫓는 추격자였습니다. 반면에 다윗은 사울에게 쫓기는 도망자였습니다. 그런데 굴 속에서 참된 안식을 누리는 자는 누구입니까? 엔게디 굴 속에서 참된 안식을 누리는 자는 추격자 사울이 아니라 도망자 다윗이었습니다. 왜 도망자 다윗이 안식을 누릴 수 있었을까요? 그 이유는 엔게디 굴은 하나님께서 다윗을 위하여 준비하신 푸른 풀밭이었기 때문입니다. 하나님은 그곳에서 다윗을 쉬게 하셨습니다. 이처럼 하나님은 다윗을 푸른 풀밭으로 인도하시고 편히 쉬게 해주시는 분이셨습니다.

🌱 예수님은 하나님의 풀밭이다.

예수님은 우리에게 하나님의 풀밭입니다. 예수님은 스스로 하나님의 풀밭이 되셔서 우리에게 필요한 것을 공급해 주시고 우리를 쉬게 해주시는 분입니다. 이사야 선지자는 앞으로 오실 메시아에 대하여 이렇게 예언하였습니다.

"오호라 너희 모든 목마른 자들아 물로 나아오라 돈 없는 자도 오라 너희는 와서 사 먹되 돈 없이, 값 없이 와서 포도주와 젖을 사라"(사 55:1).

예수님은 우리에게 포도주와 젖을 제공해 주시는 분입니다. 예수님이 우리에게 제공하시는 포도주와 젖은 우리의 삶을 풍성하게 해줍니다. 이처럼 예수님은 우리에게 필요한 것을 주시는 하나님의 푸른 풀밭입니다.

예수님이 주시는 완벽한 쉼

그리고 예수님은 하나님의 풀밭이 되셔서 우리에게 쉼을 주시는 분입니다. 예수님은 제자들에게 말씀하셨습니다.

"수고하고 무거운 짐 진 자들아 다 내게로 오라 내가 너희를 쉬게 하리라"(마 11:28).

예수님은 우리에게 쉼을 주시는 분입니다. 예수님이 우리에게 주시는 쉼은 완벽한 쉼입니다. 우리는 예수님께 우리의 죄 짐을 내려놓을 수 있습니다. 우리는 예수님께 우리의 삶의 고통을 내려놓을 수 있습니다. 우리는 그 어떤 짐이라도 예수님께 내려놓으면 해결 받을 수 있습니다. 이처럼 예수님은 우리에게 참된 쉼을 주시는 하나님의 풀밭입니다.

하나님은 우리를 하나님의 풀밭에 눕게 해주신다.

하나님은 살아 계십니다. 살아 계신 하나님은 축복의 하나님이십니다. 하나님은 우리에게 복 주시기 위하여 푸른 풀밭으로 인도하십니다. 하나님은 우리 삶의 여정 속에서 하나님의 풀밭을 마련해 주십니다. 하나님은 우리를 하나님의 풀밭으로 정확하게 인도하십니다. 하나님은 하나님의 풀밭에서 우리를 풍성하게 먹이십니다. 그리고 하나님은 하나님의 풀밭에서 우리로 하여금 눕게 하여 편안함을 제공해 주십니다. 이처럼 하나님은 우리를 하나님의 풀밭에 눕게 해주십니다.

행복은 하나님의 풀밭에 있다.

　행복은 하나님의 풀밭에 있습니다. 행복은 세상의 풀밭에 있지 않습니다. 세상의 풀밭에 행복이 있는 것처럼 보이지만 그곳에는 행복이 없습니다. 세상의 풀밭은 마치 바닷물을 마시는 것과 같습니다. 바닷물은 아무리 마셔도 갈증을 해소할 수 없습니다. 오히려 바닷물은 우리의 갈증을 더하게 할 뿐입니다. 이처럼 참된 행복은 세상의 풀밭에 있지 않습니다.

　참된 행복은 하나님의 풀밭에 있습니다. 하나님의 푸른 풀밭에는 참된 행복이 있습니다. 하나님의 풀밭이 제공하는 행복은 거짓이 없습니다. 하나님의 풀밭이 제공하는 행복은 완전합니다. 이처럼 우리에게 참된 행복을 제공하는 하나님의 풀밭은 행복과 어떤 관련이 있을까요?

❶ 행복은 하나님의 풀밭으로 인도받는 것이다.

　다윗은 자기 양 떼를 푸른 풀밭으로 인도하는 선한 목자였습니다. 하나님도 마찬가지입니다. 하나님은 다윗을 하나님의 푸른 풀밭으로 인도하셨습니다. 다윗은 하나님의 푸른 풀밭으로 인도함을 받았습니다. 다윗은 사울에게 쫓김을 받을 때도 하나님의 인도를 받았습니다. 다윗은 놉에 있는 제사장 아히멜렉에게로 인도를 받았습니다. 다윗은 엔게디 요새로 인도를 받았습니다. 그리고 다윗은 갈멜의 아비가일에게로 인도를 받았습니다. 하나님의 인도를 받는 다윗은 행복한 자였습니다.

이처럼 하나님은 우리를 하나님의 풀밭으로 인도하시는 분입니다. 누가복음 14장에 보면 예수님의 큰 잔치의 비유가 나옵니다. 어떤 사람이 큰 잔치를 베풀고 사람들을 초대하였습니다. 사람들이 초대를 거절하자 주인은 종들을 시켜서 시내의 거리와 골목으로 가서 사람들을 초대하도록 하였습니다. 그리고 길가와 산울타리 가로 가서 사람들을 데려오게 하였습니다. 오늘 우리는 하나님의 초대를 받아 나온 자들입니다. 오늘 우리는 하나님의 인도를 받아 하나님 앞에 나온 자들입니다. 그래서 우리는 행복한 자입니다.

하나님은 오늘도 우리에게 거룩한 주일을 허락하시고 하나님의 영광스러운 예배에 우리를 초대하셨습니다. 우리는 하나님의 인도를 받아 하나님 앞에 나와 하나님께 예배하는 자가 되었습니다. 그래서 우리는 행복한 자입니다.

더 나아가서 하나님은 우리를 천국으로 인도하실 것입니다. 하나님이 인도하실 천국은 우리를 향한 하나님의 풀밭의 완성입니다. 천국은 우리를 위한 하나님의 풀밭의 종착지입니다. 이처럼 하나님은 우리를 하나님의 풀밭으로 인도하십니다. 그러므로 진정한 행복은 하나님의 풀밭으로 인도받는 것입니다.

❷ 행복은 하나님의 풀밭에서 공급받는 것이다.

다윗은 자기의 양 떼를 푸른 풀밭으로 인도하여 먹였습니다. 다윗은 선한 목자였습니다. 선한 목자인 다윗으로부터 공급받는 양 떼들은 행복하였습니다. 다윗의 인생도 마찬가지입니다. 다윗은 하나님의 풀밭에서 하나님의 공급을 받았습니다. 다윗은 사울에게 쫓기는 신세였지만 하나님의 인도하심으로 놉 땅의 제사장 아히멜렉으로부터 제사장과 그의 가족만 먹을 수 있는 진설병을 공급받았습니다. 피곤과 굶주림에 지쳐 있던 다윗과 그의 일행은 하나님의 풀밭에서 하나님의 공급을 받는 행복을 누렸습니다.

예수님의 큰 잔치의 비유에도 이런 모습이 나옵니다. 어떤 사람이 큰 잔치를 배설하였습니다. 그 잔치에는 모든 것이 준비되었습니다. 우리나라 속담에 "소문난 잔치에 먹을 것이 없다"는 말이 있지만 하나님이 우리를 위하여 예비하신 잔치는 부족함이 없습니다. 하나님이 우리를 위하여 예비하신 잔치는 풍성합니다. 그러므로 하나님의 잔치에 참여한 자는 행복을 누릴 수 있습니다.

예배와 천국을 통한 공급

하나님은 우리에게 거룩한 주일을 주시고 우리를 하나님의 예배에 초청해 주셨습니다. 이 예배에 참여한 우리는 하나님이 주시는 것을 누리고 있습니다. 우리는 예배를 통하여 세상에서 얻지 못하는 것을 누리고 있습니다. 하나님은 우리의 영혼을 만져 주십니다. 하나님은 우리의 질병을 치유해 주십니다. 하나님은 성령의 은혜를 우리에게 부어 주십니다. 그러므로 하나님으로부터 신령한 것을 공급받는 우리는 누구보다 행복한 자입니다.

우리는 먼 훗날 하나님의 풀밭의 완성인 천국에서 하나님으로부터 풍성한 것을 공급받을 것입니다. 천국에는 더 이상 눈물이나 고통이 없습니다. 천국에는 하나님을 만나는 기쁨이 있습니다. 하나님과의 교제가 있습니다. 하나님께 영광 돌리는 예배가 있습니다. 천국에는 하나님께서 우리에게 주시는 상급이 있습니다. 우리는 천국에서 하나님이 주시는 복을 공급받을 것입니다. 그러므로 참된 행복은 하나님의 풀밭에서 하나님의 공급을 받는 것입니다.

❸ 행복은 하나님의 풀밭에 눕는 것이다.

다윗은 자기의 양 떼를 푸른 풀밭에 눕게 하였습니다. 그래서 양들을 행복하게 해주었습니다. 다윗은 하나님이 자신을 풀밭에 눕게 하시는 것을 경험하였습니다. 그래서 다윗은 행복한 사람이었습니다.

행복은 하나님의 풀밭에 누움으로 얻는 것입니다. 탕자는 행복을 얻기 위하여 아버지의 풀밭을 떠나서 세상의 풀밭으로 나갔습니다. 탕자가 세상의 풀밭으로 나갔을 때 처음에는 행복감을 누렸습니다. 탕자는 그곳에서 아버지의 풀밭에서 느끼지 못하는 새로운 맛을 보았습니다. 탕자는 새로운 맛으로 인해 행복하였습니다.

그러나 탕자가 느끼는 행복은 오래가지 못하였습니다. 탕자가 느꼈던 행복은 거짓된 것이었습니다. 탕자는 아버지의 품을 떠난 세상에서 비참한 삶을 살았습니다. 탕자는 행복한 자가 아니라 불행한 자가 되었습니다.

탕자가 돌아온 아버지의 푸른 풀밭

그런데 탕자는 세상의 풀밭에서 아버지의 푸른 풀밭을 생각하였습니다. 그리고 그는 자신의 잘못을 뉘우치고 아버지의 풀밭으로 돌아왔습니다. 그는 아버지의 풀밭에서 모든 것을 회복하였습니다. 그는 굶주린 배를 좋은 음식으로 채울 수 있었습니다. 멸시받던 그가 아버지의 아들로 대접을 받게 되었습니다. 그는 쉼이 없는 고통의 삶을 살다가 아버지의 집에서 편안한 안식을 누릴 수 있었습니다. 이처럼 행복은 하나님의 푸른 풀밭에 눕는 것입니다.

야곱이 경험한 푸른 풀밭

하나님이 계시면 어디든지 그곳은 하나님의 푸른 풀밭이 됩니다. 어느 곳에서든지 하나님의 풀밭에서 누우며 하나님이 주신 안식을 누릴 수 있습니다. 옛날 야곱이 형 에서의 복수를 피하여 외삼촌이 있는 하란으로 도망가는 길이었습니다. 야곱은 루스라고 하는 광야에서 잠을 청하였습니다. 야곱은 광야에서 쓸쓸히 잠을 취하였습니다. 야곱은 그곳에 자기 혼자 버려진 것으로 생각하였습니다.

그러나 그곳에서 하나님이 함께하셨습니다. 하나님은 야곱의 꿈속에 나타나셨습니다. 땅에서 하늘까지 닿은 사닥다리를 통하여 천사가 오르락내리락하였습니다. 그리고 하나님은 야곱에게 아브라함과 이삭의 하나님으로 나타나셨습니다. 또 그들에게 주신 언약을 야곱에게 주셨습니다. 하나님은 야곱과 함께하겠다고 약속하셨습니다. 그곳에 하나님이 함께하셨습니다. 이처럼 그곳은 하나님께서 야곱을 눕게 하신 하나님의 푸른 풀밭이었습니다.

하나님의 풀밭의 풍성함

하나님의 푸른 풀밭에는 하나님이 주신 풍성함이 있습니다. 더 나아가서 하나님이 계신 곳이면 어느 곳이든 하나님의 푸른 풀밭이 됩니다.

내 영혼이 은총 입어 중한 죄짐 벗고 보니

슬픔 많은 이 세상도 천국으로 화하도다

할렐루야 찬양하세 내 모든 죄 사함 받고

주 예수와 동행하니 그 어디나 하늘나라

높은 산이 거친 들이 초막이나 궁궐이나

내 주 예수 모신 곳이 그 어디나 하늘나라

할렐루야 찬양하세 내 모든 죄 사함 받고

주 예수와 동행하니 그 어디나 하늘나라

하나님이 함께 계시면 궁궐이 하나님의 푸른 풀밭이 됩니다. 하나님이 함께 계시면 초막도 하나님의 푸른 풀밭이 됩니다. 우리는 하나님의 풀밭에 있으면 행복해질 수 있습니다. 그러므로 행복은 하나님의 풀밭에 눕는 것입니다.

행복은 집과 같다.

행복은 집과 같습니다. 우리가 아무리 좋은 곳을 여행할지라도 어느 정도 시간이 지나면 집 생각이 납니다. 집에 가고 싶은 생각이 듭니다. 여행을 끝내고 집에 가면 어떤 느낌입니까? 집에는 편안함이 있습니다. 풍성함이 있습니다. 여행지에는 새로운 것이 많이 있지만 필요한 것이 없을 수 있습니다. 많은 것이 익숙하지 않고 불편함이 있습니다.

그러나 집으로 돌아오면 어떻습니까? 집에 돌아오면 사랑하는 가족이 있습니다. 집에 돌아오면 아내가 있고, 자녀가 있습니다. 집에는 내게 필요한 것이 구석구석에 다 있습니다. 집에는 부족함이 없습니다. 집에는 풍성함이 있습니다. 집에서는 두 다리를 뻗고 편안하게 쉴 수 있습니다. 집에서는 어느 여행지에서보다 깊은 잠을 잘 수 있습니다. 집에는 편안함이 있습니다. 그러므로 행복은 집과 같습니다.

하나님의 풀밭을 사모하십시오.

여러분은 참으로 행복하기를 원하십니까? 그렇다면 하나님이 여러분을 위하여 준비하신 하나님의 풀밭을 사모하시기 바랍니다. 여러분을 하나님의 풀밭으로 초대하시는 하나님께로 나오시기 바랍니다. 그래서 하나님께서 주시는 것을 누리시기 바랍니다.

그리고 하나님의 품속에서 하나님이 주시는 쉼을 누리시기 바랍니다. 참된 행복은 하나님의 풀밭에 있습니다. 그러므로 세상의 풀밭을 향하여 달려가는 인생이 아니라 하나님의 풀밭으로 인도함을 받고, 하나님의 풀밭에서 공급함을 받고, 하나님의 풀밭에서 쉼을 누리시기 바랍니다.

04
쉴 만한 물가로 인도하시는도다
(시 23:2 하)

내비게이션

요즈음 남자들은 여자 말을 잘 들어야 편안한 시대를 살아가고 있습니다. 집에서는 아내 말을 잘 들어야 합니다. 그래야 가정이 편안합니다. 그리고 차 안에서는 미스 리 말을 잘 들어야 합니다. 그렇다고 제가 차에 미스 리를 태우고 다니는 것은 아닙니다. 미스 리는 내비게이션에서 길을 안내하는 안내양입니다.

요즘은 참 운전하기 편한 시대입니다. 내비게이션에 주소만 입력하면 전국 어디에나 갈 수 있습니다. 처음 가는 길도 잘 찾아갈 수 있습니다. 주소를 몰라도 통합검색으로 건물 이름만 입력하면 내비게이션이 목적지까지 잘 인도해 줍니다.

이처럼 차에 내비게이션이 있듯이 우리 인생에도 내비게이션이 있습니다. 우리 인생의 내비게이션은 누구일까요? 바로 우리 하나님이신 줄로 믿습니다. 하나님은 우리를 인도하십니다. 우리는 하나님의 인도를 받으면 우리가 원하는 목적지에 갈 수 있으며, 성공적인 삶을 살 수 있습니다.

쉴 만한 물가

오늘 본문의 다윗은 "여호와는 나의 목자시니 내게 부족함이 없으리로다 그가 나를 푸른 풀밭에 누이시며 쉴 만한 물가로 인도하시는도다"라고 했습니다. 특별히 2절 하반절에 있는 "쉴 만한 물가로 인도하시는도다"라는 말씀을 함께 생각해 보고자 합니다. 그런데 사실 팔레스타인에서 목자가 양을 쉴 만한 물가로 인도하는 것은 쉬운 일이 아닙니다.

저는 어렸을 때 시골에서 살았지만 아버지께서 목회를 하셨기 때문에 우리 집에는 소가 없었습니다. 다른 친구들 집에는 소가 있었기 때문에 친구들은 학교에 갔다 오면 소를 끌고 들판에 가서 소꼴을 먹이곤 했습니다. 동네 어귀 어디를 가나 소꼴을 먹일 수 있는 풀이 무성했습니다. 그리고 웬만한 곳은 시냇물이 흘러서 소에게 물을 먹이기가 참 편했습니다.

흔치 않은 시냇물

그러나 다윗이 목동으로 양을 치던 베들레헴에는 풀밭이 그렇게 많지 않았습니다. 그리고 양들에게 물을 먹일 만한 시냇물도 흔치 않았습니다. 우리나라는 거의 사시사철 시냇물이 흐릅니다. 시골에는 어디든지 시냇물이 있습니다. 그래서 가축들에게 물을 먹이는 데

전혀 어려움이 없습니다.

그러나 다윗 시대에 목자가 양들에게 물을 먹이는 것은 생명과 직결된 것이었습니다. 그래서 성경을 보면 "쉴 만한 시냇물로 인도하시는도다"가 아니라 "쉴 만한 물가로 인도하시는도다"입니다. 우리가 생각하는 시냇물은 사시사철 흐르는 시냇물입니다. 그러나 다윗이 양을 치던 베들레헴은 사시사철 흐르는 시냇물이 없습니다. 따라서 다윗이 고백한 것은 항상 흐르는 시냇물이 아니라 쉴 만한 물가입니다.

물이 귀한 광야

광야에는 물이 굉장히 귀합니다. 그래서 목자들이 양에게 물을 먹이기가 쉽지 않습니다. 광야는 토질이 석회질입니다. 따라서 비가 오면 물이 빨리 스며들지 않습니다. 비가 오면 바위틈 사이 움푹 들어간 곳에 비가 고여 있습니다. 또 어떤 곳에는 조그만 샘물이 있습니다. 목자는 그런 곳을 찾아가서 양들에게 물을 먹입니다. 그렇지 않으면 다른 사람이 소유하고 있는 웅덩이나 혹은 우물에 가서 주인의 허락을 받아서 양들에게 물을 먹이곤 했습니다. 이렇게 선한 목자는 그때그때마다 자기 양 떼에게 물을 먹이기 위해 적절한 곳을 잘 알아 두었다가 양들에게 물을 먹입니다.

더럽혀진 물

그런데 가끔 광야에서 고인 물을 먹이다가 그 물의 유기질로 인하여 양들이 물을 먹고 배탈이 나는 경우가 있습니다. 목자는 그런 것을 조심해야 합니다. 뿐만 아니라 어떤 물은 다른 동물들이 그 물을 밟고 지나갔기 때문에 흙탕물이라 양에게 먹일 수 없는 경우가 종종 있었습니다.

> "너희가 맑은 물을 마시는 것을 작은 일로 여기느냐 어찌하여 남은 물을 발로 더럽혔느냐 나의 양은 너희 발로 밟은 것을 먹으며 너희 발로 더럽힌 것을 마시는도다 하셨느니라" (겔 34:18-19).

이처럼 하나님께서는 그 당시 다른 짐승들이 고여 있는 물을 발로 밟아서 양 떼에게 먹일 수 없게 되는 일들을 상기시키셨습니다. 그 당시 선지자들과 백성의 지도자들이 백성들이 먹을 물을 발로 밟았습니다. 하나님의 백성들이 그 물을 마실 수 없는 것에 대하여 탄식하시는 하나님의 모습이 그려지고 있는 것입니다.

위험한 물가

그뿐만 아니라 광야에서의 물은 양들뿐만 아니라 맹수들도 물 냄새를 맡고 와서 물을 마십니다. 광야의 물가는 위험한 곳이기도 합니다. 목자가 없이 양들만 갔다가 맹수들에게 죽임을 당할 수도 있는 것입니다. 그래서 목자는 양을 물가로 인도하며 양을 보호합니다. 선한 목자가 때를 맞추어 양 떼를 인도합니다. 이처럼 선한 목자가 양 떼에게 안전하게 물을 먹이는 것은 쉬운 일이 아니었습니다.

광야와 같은 우리의 삶

오늘 우리는 우리가 살고 있는 이 세상에서 푸른 풀밭에 눕기를 원하고 쉴 만한 물가에 머물기를 원합니다. 그러나 우리의 삶은 쉴 만한 물가를 만나기보다는 물이 없는 메마른 광야를 만날 때가 더 많습니다. 물이 있더라도 주변에는 여러 가지 위험이 도사리고 있습니다.

저는 우리 사랑하는 성도들 한 사람 한 사람을 봅니다. 저는 성도들 한 가정 한 가정의 형편을 들여다봅니다. 우리 성도들의 삶의 형편이 지금 푸른 풀밭이나 혹은 쉴 만한 물가의 형편이 아닌 것을 더 자주 봅니다. 물이 말라서 성도들이 고통 가운데 있는 모습을 더 많이 봅니다. 우리 성도들의 삶은 마치 광야와 같습니다. 그래서 저는 안타까운 마음을 가집니다. 그러나 우리는 광야와 같은 삶 속에서도 행복해질 수 있습니다.

내비게이션이 필요한 삶

광야에는 폭우가 쏟아져서 물이 웅덩이에 가득 고일 때가 있습니다. 웅덩이의 물이 너무 깊어서 때로는 위험하기도 합니다. 양 떼가 물을 먹으러 갔다가 양들이 빠져 죽는 일들도 있습니다. 그럴 때 목자는 지팡이로 물의 깊이를 잽니다. 목자는 양 떼들을 보호합니다. 이처럼 유대 광야는 물이 귀하기도 하며 물이 넘쳐 위험하기도 합니다.

그와 마찬가지로 어떤 사람들은 이 세상에서 물이 너무 없어서 고통을 당하는 경우가 있습니다. 어떤 사람들은 이 세상에서 물을 따라가기도 합니다. 그리고 욕심으로 인하여 오히려 신앙을 저버리고 멸망의 길로 걸어가는 모습을 종종 보게 됩니다. 물에 빠져 헤어 나오지 못하기도 합니다. 그러므로 우리에게는 삶을 바로 인도하는 내비게이션이 필요합니다.

이처럼 우리가 살아가고 있는 이 세상은 물이 부족한 메마른 광야와 같습니다. 때로는 물이 넘치고 죄악의 유혹이 넘치는 광야와 같습니다. 우리 앞에는 우리를 유혹하는 죄악의 현실이 있습니다. 이럴 때 우리는 다윗처럼 쉴 만한 물가로 인도하시는 탁월한 내비게이션인 여호와가 필요합니다.

축복의 하나님

오늘 본문에 나타난 하나님은 축복의 하나님이십니다. 축복의 하나님은 자기의 양 떼를 쉴 만한 물가로 인도하시는 하나님이십니다.

다윗은 베들레헴의 선한 목자로 자기의 양 떼에게 물을 먹이기 위하여 양 떼가 편안하고 깨끗한 물을 마실 수 있는 물가로 인도하였습니다. 그런 다윗이 자신의 삶을 뒤돌아보았을 때 자신을 인도하시는 하나님을 깨닫게 되었습니다. 그래서 다윗은 "여호와는 나의 목자이며 나를 쉴 만한 물가로 인도하시는 분"이라고 노래하고 있는 것입니다. 다윗이 이렇게 노래한 것은 그가 선한 목자의 삶을 살았기 때문입니다. 그리고 자신의 삶 속에서 자신이 쉴 수 있는 물가로 인도하시는 하나님을 경험했기 때문입니다. 더 구체적으로 오늘 다윗이 노래하는 하나님은 어떤 하나님일까요?

1 하나님은 다윗이 쉴 만한 물가를 아셨습니다.

유능한 목자는 사시사철 주변의 물 상태를 잘 압니다. 유능한 목자는 주변의 지형지물에 익숙합니다. 평소에 예리한 눈으로 관찰을

합니다. 그래서 지금 어디에 가면 물이 흐르고 있는가를 압니다. 유능한 목자는 지금 어디에 비 온 후 깨끗한 물이 고여 있는지를 압니다. 유능한 목자는 지금 어디 가면 옹달샘이 있는가를 압니다. 때로 주변에 물이 부족하면 우물을 사용할 줄 압니다. 주인이 있는 우물에 가서 주인에게 물을 달라고 사정을 합니다. 때로 유능한 목자는 우물 주인에게 대가를 지불하고 양 떼에게 물을 먹여야 한다는 것을 잘 알고 있습니다.

이와 마찬가지로 다윗의 하나님은 어려운 가운데서 살아가고 있는 다윗이 쉴 만한 물가가 어디인가를 아셨습니다. 하나님은 다윗이 피할 수 있는 동굴이 어디에 있는지 아셨습니다. 하나님은 다윗이 쉴 수 있는 수풀이 어디인지 아셨습니다. 하나님은 다윗이 몸을 숨길 수 있는 바위틈을 아셨습니다.

다윗이 자기 사람들과 함께 사울에게 쫓기고 있을 때였습니다. 그 많은 사람들의 양식을 얻는 것도 쉬운 일이 아니었습니다. 하나님은 그들을 바란 광야의 나발에게로 인도하셨습니다. 다윗은 나발의 아내 아비가일로부터 양식을 공급받았습니다.

이처럼 하나님은 다윗에게 음식을 제공할 나발의 아내 아비가일을 아셨습니다. 하나님은 아비가일로 다윗이 쉴 수 있는 물가가 되게 하셨습니다. 이처럼 하나님은 다윗이 쉴 수 있는 쉴 만한 물가를 아시는 분이었습니다.

2 하나님은 다윗을 쉴 만한 물가로 인도하셨습니다.

선한 목자는 양 떼를 이끌고 쉴 만한 물가로 인도합니다. 하나님은 다윗을 쉴 수 있는 물가로 인도하셨습니다. 한때 다윗이 사울의 위협을 피해서 자기를 따르는 군사들과 함께 피신하였습니다. 다윗이 어디로 피신했습니까? 모압 왕에게 갔습니다. 모압 왕은 사울에게 쫓기고 있는 다윗을 환영하였습니다. 다윗이 그곳에 머물렀습니다. 그곳은 요새입니다. 사울은 다윗을 더 이상 추적하지 못하였습니다. 다윗은 모압 왕의 보호 아래 있었습니다. 그리고 요새와 같은 그곳에서 자신을 따르는 자들과 함께 편안하게 거할 수 있었습니다.

그런데 하나님께서는 선지자 갓을 다윗에게 보내셨습니다. 갓 선지자는 다윗에게 여기 머물러 있지 말고 유다 땅으로 들어가라는 하나님의 말씀을 전하였습니다. 하나님의 말씀에 따라 다윗은 자기를 따르는 자들을 이끌고 다시 유다 땅으로 들어갑니다. 이것이 바로 하나님께서 다윗을 쉴 만한 물가로 인도하시는 모습입니다. 다윗이 쉴 곳은 모압 왕이 제공해 주는 요새와 같은 곳이 아닙니다. 다윗이 쉴 곳은 비록 사울이 생명을 노리고 있지만 약속의 땅 유다 땅이었습니다. 하나님은 유다 땅에서 다윗을 쉴 만한 물가로 인도하셨습니다.

3 하나님은 다윗을 쉴 만한 물가에서 편히 쉬게 하셨습니다.

다윗은 모압을 떠나서 유다 땅으로 들어갔습니다. 그러자 다윗은 사울의 정보망에 포착되었습니다. 사울은 기다렸다는 듯이 군사들을 이끌고 다윗을 체포하려 하였습니다. 그러나 하나님께서 다윗과 함께하셨습니다. 사울 왕은 다윗을 죽이려고 하였지만 다윗의 머리카락 하나도 상하게 하지 못하였습니다. 왜냐하면 하나님께서 다윗을 쉴 만한 물가로 인도하시고, 그를 지켜 주시고, 보호해 주셨기 때문입니다.

그러므로 하나님의 인도하심과 하나님의 보호하심을 받은 다윗은 이렇게 노래하고 있습니다.

"나의 힘이신 여호와여 내가 주를 사랑하나이다 여호와는 나의 반석이시요 나의 요새시요 나를 건지시는 이시요 나의 하나님이시요 내가 그 안에 피할 나의 바위시요 나의 방패시요 나의 구원의 뿔이시요 나의 산성이시로다" (시 18:1-2).

하나님은 다윗이 사울에게 쫓기고 있었지만 다윗을 인도하셔서 다윗을 편안히 거하게 하셨습니다. 이것이 바로 다윗을 인도하시는 하나님이십니다.

이처럼 다윗은 광야와 같이 메마른 삶을 살았지만 하나님께서 그때그때마다 다윗의 선한 목자가 되셨습니다. 하나님은 다윗을 쉴 만한 물가로 인도하셨습니다. 하나님은 다윗에게 편안함을 제공해 주셨습니다. 하나님은 다윗을 쉴 만한 물가로 인도하셔서 편히 쉬게 하셨습니다.

십자가 그늘 밑의 쉼

하나님은 우리에게 쉼을 주시는 분입니다. 하나님은 우리에게 물가에서 쉼을 주십니다. 우리에게 쉼을 주는 물가 중의 물가는 십자가입니다.

십자가 그늘 아래 나 쉬기 원하네
저 햇볕 심히 뜨겁고 또 짐이 무거워
이 광야 같은 세상에 늘 방황할 때에
주 십자가의 그늘에 내 쉴 곳 찾았네.

하나님은 우리에게 쉼을 주십니다. 하나님은 우리로 십자가의 물가에서 쉬게 하십니다. 하나님이 주신 십자가에는 우리의 어떤 무거운 짐도 내려놓을 수 있습니다. 십자가는 우리의 쉴 만한 물가입니다. 하나님은 우리를 쉴 만한 물가에서 편히 쉬게 해주십니다.

예수님은 쉴 만한 물가이다.

하나님이 보내신 예수님은 우리의 쉴 만한 물가입니다. 우리는 예수님으로 인하여 쉴 만한 물가에서 쉴 수 있게 되었습니다.

"명절 끝 날 곧 큰 날에 예수께서 서서 외쳐 이르시되 누구든지 목마르거든 내게로 와서 마시라 나를 믿는 자는 성경에 이름과 같이 그 배에서 생수의 강이 흘러나오리라 하시니"(요 7:37-38).

이처럼 우리 예수님은 우리에게 쉴 만한 물가가 되십니다. 예수님은 자신에게 찾아온 자에게 쉴 만한 물가가 되어 주셨습니다.

예수님은 사마리아 여인을 찾아가셨습니다. 사마리아 여인은 그

마을에서 왕따였습니다. 그녀는 모든 여인들이 쉬고 있을 낮 열두 시에 야곱의 우물에 나오던 여인이었습니다. 그런데 그가 생수가 되시는 예수님을 만났습니다. 하나님께서 그 여인에게 쉴 만한 물가를 보내 주셨습니다.

목마른 사마리아 여인

그 여인은 목마른 여인이었습니다. 세상의 것으로 채움을 받지 못하는 목마른 여인이었습니다. 그녀는 야곱의 우물 물을 매일 마셨지만 목마름을 해결할 수 없었습니다. 그런데 그 여인이 예수님을 만남으로 인하여 목마른 인생이 변화되었습니다. 그녀의 환경은 변화되지 않았습니다. 그러나 예수님을 만남으로 인하여 환경과 상관없이 사마리아 여인은 목마르지 않은 삶을 살게 되었습니다. 이처럼 예수님은 우리의 쉴 만한 물가가 되십니다.

하나님은 우리를
쉴 만한 물가로 인도하신다.

하나님은 살아 계십니다. 살아 계신 하나님은 축복하시는 분입니다. 축복의 하나님은 우리를 쉴 만한 물가로 인도하시는 분입니다. 하나님은 우리가 메마른 광야에서 물이 필요하다는 것을 알고 계시는 분입니다. 그리고 하나님은 우리에게 필요한 물가를 아시는 분입니다.

더 나아가서 하나님은 우리에게 필요한 물가를 조성하시고 만드시는 분입니다. 그리고 하나님은 우리를 쉴 만한 물 가로 인도하시는 분입니다. 하나님은 우리로 쉴 만한 물가에서 마른 목을 축이게 하시고 하나님이 주시는 평안을 누리게 하시는 분입니다. 그러면 행복은 무엇일까요?

행복은 하나님의 물가이다.

행복은 하나님의 물가입니다. 행복은 하나님의 물가에서 얻을 수 있습니다. 하나님의 물가에는 풍요함이 있습니다. 하나님의 물가는 하나님께서 피곤하고 지친 하나님의 자녀들을 인도하시는 곳입니다. 하나님의 물가는 하나님의 자녀들을 쉬게 해주시는 곳입니다. 하나님의 물가에서는 목마름이 해결됩니다. 하나님의 물가에는 편안함이 있습니다. 그러므로 행복은 하나님의 물가입니다. 그렇다면 하나님의 물가는 행복과 어떤 관련이 있을까요?

❶ 행복은 하나님의 물가에 있다.

세상의 물은 우리에게 진정한 행복을 주지 못합니다. 세상의 물에는 진정한 행복이 없습니다. 사마리아 여인은 야곱의 우물가에 나왔습니다. 여인은 야곱의 우물물을 마셨지만 만족이 없었습니다. 사마리아 여인은 과거에 남편 다섯을 두었지만 행복하지 않았습니다. 그런데 이 여인이 예수님을 만났습니다. 생수이신 예수님을 만났습니다. 예수님은 하나님의 물가입니다. 행복은 하나님의 물가에 있습니다. 하나님의 물가인 예수님을 만났을 때 여인은 행복하게 되었습니다.

다윗은 하나님의 물가로 갔습니다. 다윗은 요새와 같은 모압을 떠났습니다. 다윗은 모압 왕의 보호를 받는 자리를 떠나서 하나님이 인도하시는 곳으로 갔습니다. 사실 다윗이 모압 왕의 밑에 있을 때는 참 평안이 없었습니다. 사울의 위협은 없었지만 체면이 말이 아니었습니다. 하나님께 기름 부음을 받은 자가 이방 땅에서 이방 왕에게 몸을 의탁하는 것은 면이 서지 않았습니다. 따라서 다윗을 따르는 신실한 자들은 마음속으로 다윗을 존경하지 않았습니다.

세상의 물가가 아닌 하나님의 물가

사울을 두려워하여 이방 왕에게 가서 빌붙어 사는 다윗을 볼 때는 영적 지도자로서의 존경심을 가질 수 없었습니다. 다윗 또한 육신은 편했지만 마음은 편하지 않았습니다. 이것이 바로 하나님이 아닌 세상의 물가가 제공하는 거짓된 행복입니다. 그 행복은 허상입니다. 참된 행복은 하나님의 물가에 거하는 것입니다. 그래서 하나님께서는 다윗으로 하여금 유다 땅으로 들어가라고 하셨습니다.

오늘날 수많은 인생들이 행복을 얻기 위하여 하나님 아닌 다른 물가를 찾아 헤매고 있습니다. 사람들은 하나님의 물가가 아닌 세상의 물가를 소유하기만 하면 행복을 얻을 줄로 생각하고 있습니다. 그러나 하나님의 물가가 아닌 다른 물가가 제공하는 행복이 있습니까? 결코 없습니다. 진정한 행복은 하나님의 물가에 있습니다. 참된 행복은 하나님 안에 있습니다. 여러분은 세상의 물가를 통하여 행복을 찾으려고 하는 어리석은 자가 되지 마십시오. 하나님의 물가에서 참된 행복을 누리는 여러분이 되시기를 바랍니다.

❷ 행복은 하나님의 물가로 인도받을 때 있다.

다윗은 자기 양 떼를 잔잔한 물가로 인도하였습니다. 다윗의 양 떼는 행복하였습니다. 마찬가지로 하나님의 인도를 받을 때 다윗은 행복하였습니다. 다윗이 모압 땅을 떠나서 유다 땅으로 들어갔을 때 그는 행복하였습니다. 사실 다윗은 혼자 몸이 아니었습니다. 그를 따르는 자들이 많이 있었습니다. 다윗이 그들을 이끌고 유다 땅으로 가는 것은 섶을 지고 불로 뛰어드는 형국이었습니다. 왜냐하면 사울이 호시탐탐 다윗을 노리고 있었기 때문입니다. 많은 사람들이 같이 움직이면 위험합니다. 전국적으로 지명수배가 되어 있기 때문에 어디에서든지 눈에 띄기 쉽습니다.

모압에서 유다로

그런데 하나님께서는 다윗을 유다 땅으로 인도하셨습니다. 하나님의 인도에 다윗은 순응하였습니다. 다윗은 하나님의 음성에 따라서 유다 땅으로 들어갔습니다. 그러나 하나님은 다윗과 그의 일행을 쉴 만한 물가로 인도하셨습니다. 다윗은 그곳에서 진정한 행복을 누릴 수 있었습니다.

하나님은 여러분을 쉴 만한 물가로 인도하시는 분입니다. 현재 여러분이 어려운 상태에 있습니까? 그 속에서도 하나님이 여러분을 쉴 만한 물가로 인도하시는 것을 인정하시기 바랍니다. 하나님은 어떤 때는 우리를 사랑하시고 어떤 때는 우리를 미워하시는 분이 아닙니다. 하나님은 언제나 우리를 사랑하십니다.

우리에게 좋은 환경을 주실 때만 하나님이 우리를 사랑하시는 것이 아닙니다. 좋지 않은 환경에서도 하나님은 우리를 사랑하십니다. 우리의 기도에 응답하실 때만 하나님이 우리를 사랑하시는 것이 아닙니다. 우리의 기도대로 되지 않아도 하나님은 우리를 사랑하십니다. 우리가 원하는 일들이 잘 풀릴 때만 하나님이 우리를 사랑하시는 것이 아닙니다. 우리가 원하는 대로 일이 되지 않을 때도 하나님은 우리를 사랑하십니다.

인도하심에 순응하라.

그러므로 하나님께서 모압 땅을 떠나서 유다로 들어가라는 명령을 주실 때도 인도하시는 하나님인 줄 믿으시기 바랍니다. 현재 여러분이 당하는 어려움으로 인하여 불평하지 마시기 바랍니다. 하나님을 향한 여러분의 마음과 믿음이 흔들리지 않기를 바랍니다.

선한 목자로서 1년 365일, 하루 24시간, 매순간 나를 쉴 만한 물가로 인도하시는 하나님이심을 믿고 받아들이는 여러분이 되시기 바랍니다. 하나님의 음성에 귀를 기울이고, 하나님의 인도하심에 순응하는 여러분이 되시기를 바랍니다. 그러면 여러분은 행복한 삶을 살 수 있습니다.

❸ 행복은 하나님이 인도하신 물가의 쉼을 통하여 얻는 것이다.

행복은 하나님이 인도하신 물가라면 어디에나 있습니다. 세상 사람들은 행복을 찾기 위하여 물가를 찾고 있습니다. 행복을 찾기 위하여 어느 물가가 좋은지 찾고 있습니다. 그래서 물가의 환경을 봅니다. 그러나 행복은 물가의 내용이 중요하지 않습니다. 중요한 것은 그 물가를 내가 선택했는가 아니면 하나님이 인도하셨는가 하는 것입니다. 행복은 하나님이 인도하신 물가에 있습니다. 행복은 하나님이 인도하신 물가의 쉼을 통하여 얻는 것입니다.

하나님은 모압에 있는 다윗을 유다 땅으로 인도하셨습니다. 다윗이 모압을 떠나서 유다 땅으로 갔을 때 거기엔 사울이 기다리고 있었습니다. 유다 땅에 들어가자마자 다윗은 400명의 군사와 함께 쫓기는 신세가 되었습니다. 하나님이 인도하신 유다 땅은 다윗에게 위험한 곳이었습니다. 그러나 하나님은 다윗과 함께하셨습니다. 다윗은 하나님이 인도하신 유다에서 쉼을 누렸습니다. 다윗은 하나님이 주신 쉼을 통하여 행복을 누렸습니다.

오히려 다윗은 사울을 두 번이나 죽일 수 있는 기회가 있었습니다. 그러나 다윗은 사울을 죽이지 아니하였습니다. 왜냐하면 유다 땅이 하나님께서 인도하신 쉴 만한 곳이었기 때문입니다. 유다 땅에서 하나님께서 다윗과 함께하셨기 때문입니다. 그래서 다윗은 사울을 죽일 필요가 없었습니다. 다윗은 하나님이 인도하신 유다 땅에서 하나님이 주신 쉼을 통하여 행복을 누렸습니다.

물가를 통한 쉼

이처럼 행복은 하나님께서 주신 쉼을 통하여 얻는 것입니다. 다윗은 "여호와는 나의 목자시니 내게 부족함이 없으리로다 그가 나를 푸른 풀밭에 누이시며 쉴 만한 물가로 인도하시는도다"라고 하였습니다. 그러나 이 말씀으로 모든 환경이 좋게 변할 것이라고 지나치게 기대하지는 마시기 바랍니다.

풀밭이 없는 그 광야에서 하나님은 양이 먹을 수 있는 풀밭으로 인도하시는 하나님이십니다. 하나님은 메마른 광야에서 양이 적절하게 물을 마실 수 있는 곳으로 인도하시는 하나님이십니다. 하나님이 인도하신 곳이라면 어느 곳이든지 하나님의 물가입니다. 하나님이 인도하신 물가라면 어느 곳이든지 행복이 있습니다.

물론 하나님은 우리의 환경을 좋게 변화시켜 주실 수도 있습니다. 그러나 하나님이 제공하시는 쉴 만한 물가는 환경의 변화가 아닙니다. 오히려 하나님은 다윗이 모압을 떠나서 유다 땅으로 들어가게 하시는 분입니다. 환경적으로 모압은 모압 왕의 보호와 공급이 있습니다. 반면에 유다 땅은 사울 왕의 위협과 고통이 있습니다. 그러나 하나님은 다윗이 모압을 떠나 유다로 들어가게 하셨습니다.

여러분의 삶 속에서도 이런저런 문제가 일어날 수 있습니다. 그것으로 인하여 참으로 고통스러울 수 있습니다. 우리가 참으로 낙심하고 실망할 수 있는 상황이 일어날 수 있습니다. 그러나 하나님께서 우리를 행복하게 해주십니다. 우리는 하나님의 물가에서 하나님이 주시는 쉼을 통하여 행복을 누리는 자입니다.

행복은 가이드와 같다.

행복은 여행자를 인도하는 가이드와 같습니다. 가이드는 여행자들을 원하는 목적지까지 안전하게 인도합니다. 가이드는 여행자들을 여러 가지 위험으로부터 보호해 줍니다. 가이드는 여행자들에게 풍성한 것을 공급해 줍니다. 그리고 가이드는 여행자들에게 편안한 쉼을 제공해 줍니다.

행복도 마찬가지입니다. 진정한 행복, 하나님이 주시는 행복은 우리를 쉴 만한 물가로 인도해 줍니다. 행복은 하나님의 쉴 만한 물가에서 풍성하게 공급받는 것입니다. 무엇보다 하나님이 주시는 행복은 하나님의 물가에서 참된 쉼을 누리는 것입니다. 그러므로 행복은 가이드와 같습니다.

물가의 쉼을 누리십시오.

다윗은 쉴 만한 물가로 인도하시는 하나님을 경험하였습니다. 다윗은 자신의 하나님을 "여호와는 나의 목자시니 내게 부족함이 없으리로다 그가 나를 푸른 풀밭에 누이시며 쉴 만한 물가로 인도하시는도다"라고 고백하였습니다.

이 고백이 여러분의 고백이 되기 바랍니다. 그래서 하나님이 주시는 평안, 하나님이 주시는 행복을 누리시기 바랍니다. 어려운 가운데서도, 광야와 같은 세상에서도 다윗의 행복을 여러분의 것으로 삼는 귀한 복이 있기를 주님의 이름으로 축복합니다.

05

내 영혼을 소생시키시고

(시 23:3 상)

심폐소생술

지난 5월 4일 오후 5시경이었습니다. 성남 소방서로 급한 구조 요청 전화가 걸려왔습니다. 상대원동 파출소 부근에 한 사람이 쓰러져 있다는 것입니다. 119 소방대원들이 급히 출동하였습니다. 그곳에 도착했을 때 60대 남자가 마라톤 연습 도중 의식을 잃고 쓰러져 있었습니다. 그런데 다행스럽게도 40대의 한 여인이 쓰러진 남자에게 심폐소생술을 하고 있었습니다. 소방대원들은 그 남자를 급히 병원으로 옮겼습니다.

그는 병원에 입원한 지 3일 만에 의식을 회복했습니다. 그리고 9일 만에 퇴원했습니다. 한 여인의 심폐소생술로 거의 죽음에 다다른 한 사람이 생명을 구했습니다. 이처럼 심폐소생술은 꺼져 가는 생명을 다시 소생시켜 줍니다. 우리 하나님은 우리의 육체와 영혼을 소생시켜 주시는 분입니다.

베두인 목자

이스라엘 성지순례를 하는 한국 학생들이 버스를 타고 창밖 유대 광야를 내다보면서 즐거운 여행을 하고 있었습니다. 그런데 한 베두인이 한 마리 양을 끌어안고 절뚝거리며 걸어가고 있었습니다. 베두인은 원주민입니다. 선교사님이 학생들에게 그 베두인을 태워서 원하는 목적지까지 데려다 주면 어떻겠느냐고 물었습니다. 학생들은 흔쾌히 이에 동의했고, 차를 세워 그 베두인을 태웠습니다.

그런데 그 베두인이 양을 안고 버스에 타는 순간 지금까지 흥겨웠던 버스 안의 분위기는 냉랭하게 바뀌어 버리고 말았습니다. 왜냐하면 그 베두인이 양을 안고 버스에 타자마자 그 양과 베두인의 몸에서 나는 악취가 버스 안에 진동하였기 때문입니다.

성경시대의 목자들

이것이 바로 예수님 시대의 목자의 모습입니다. 예수님이 "나는 선한 목자다"라고 하셨기 때문에 우리는 목자를 성화에 그려진 아주 멋있는 모습으로 알고 있습니다. 성화에는 푸른 풀밭이 있고, 시냇물이 흐르고, 예수님이 지팡이를 들고 양 한 마리를 안고 있는 모습이 참으로 아름답게 그려져 있습니다. 큰 교회나 성당에 걸린 그림에서 예수님이 양을 안고 있는 모습은 너무나 목가적이고 평온한 모습입니다.

그러나 실제로 팔레스타인, 특히 성경시대의 목자들의 옷은 깨끗한 세마포 옷이 아니라 다 떨어진 남루한 옷이었습니다. 유대 광야의 베두인은 몇 달 동안 목욕을 하지 못하였습니다. 또한 그의 옷은 양의 똥으로 범벅이 되어 있었습니다. 다윗 시대나 예수님 시대의 목자들은 우리가 성화에서 흔히 보는 기품 있고 우아한 목자의 모습이 아닙니다. 그 당시 목자들의 모습은 초라한 모습이었습니다.

저는 시골에서 자랐지만 아버지께서 목회를 하셨기 때문에 우리 집에는 소가 없었습니다. 그러나 학교에 갔다 와서 친구들과 함께 소에게 풀을 뜯기기 위하여 둑으로 나갑니다. 둑방에서 소를 풀어 놓으면 풀을 먹고 물을 마십니다. 그때는 세상이 평온해서 소를 풀어 놓아도 도둑질해 가는 사람이 없었습니다. 그래서 소를 맘대로 풀어 놓고 우리끼리 멱도 감고 마음껏 놀았습니다. 그러다가 저녁이면 친구들이 소를 끌고 집으로 돌아가곤 했습니다.

다윗의 고백

시편 23편은 결코 그런 모습이 아닙니다. 그럼에도 불구하고 다윗은 "여호와는 나의 목자"라고 고백하고 "부족함이 없으리로다"라고 고백했습니다. "그가 나를 푸른 풀밭에 누이시고 쉴 만한 물가로 인도하시고 내 영혼을 소생시키신다"라고 고백하고 있습니다. 다윗이 이렇게 고백하는 것은 대단한 것입니다.

왜냐하면 목자가 양을 소생시키는 것은 쉬운 일이 아니기 때문입니다. 유대 광야는 굉장히 척박한 환경입니다. 양들은 유대 광야의 척박한 환경으로 인하여 가끔씩 부상을 입기도 합니다. 그래서 목자는 반경 몇 킬로미터의 지형지물을 잘 알아야 합니다. 그래야 때를 따라 양 떼를 풀밭으로 인도하고 쉴 만한 물가로 인도할 수 있습니다. 목자가 자칫 잘못 인도하면 양을 다치게 할 수 있습니다. 이처럼 목자가 양을 잘 지키고 다친 양을 다시 소생시키는 일은 쉽지 않은 일이었습니다.

양을 관리하기 어려운 환경

야곱이 하란에서 돌아올 때였습니다. 형 에서는 야곱과 함께 동행하자고 했습니다. 이때 야곱은 형을 두려워하는 마음으로 변명을 했습니다. "형님, 제가 식구들과 함께 며칠 걸어왔습니다. 지금 하루라도 더 양 떼를 몰면 양 떼가 죽을 수 있습니다." 야곱이 이 말을 하는 것은 결코 지어낸 이야기가 아닙니다. 이것이 그 당시 광야에서의 양 떼의 모습입니다. 같은 목축업을 종사하는 에서도 야곱의 말을 수긍할 수밖에 없었습니다. 그래서 에서는 야곱의 요구대로 천천히 오게 하였습니다. 이것이 팔레스타인의 광야입니다.

팔레스타인에서 목축을 하는 사람은 가축이 몇 마리가 있느냐에 따라서 그 사람의 부가 결정이 됩니다. 욥은 동방에서 가장 큰 부자였습니다. 그에게는 엄청나게 많은 가축이 있었습니다. 그러므로 가축을 많이 소유한 자들은 양을 치는 목자를 고용했습니다. 그 목자가 바로 삯꾼입니다. 삯꾼 목자라고 다 나쁜 것은 아닙니다. 양을 관리하기 위하여 삯꾼을 쓸 수밖에 없었습니다. 삯꾼 목자가 양을 관리할 수 있는 수가 개인의 능력에 따라서 30마리 내지는 70마리였습니다.

팔레스타인에서 양이 몇백 마리 혹은 몇천 마리가 되면 목자를 쓸 수밖에 없었습니다. 그래서 팔레스타인에서는 양의 소유주와, 목자와, 양의 삼각관계가 형성이 되었습니다. 그러므로 주인이 아닌 목자는 양이 그렇게 달가운 존재가 아니었습니다. 어쩔 수 없이 양을 치는 것이기 때문에 목자에게 있어서 양은 지루하고 단조롭고 귀찮은 존재였습니다. 이런 배경 가운데서 예수님이 '나는 선한 목자'라고 하셨습니다.

이해할 수 없는 잃은 양의 비유

이런 배경 가운데서 예수님의 잃은 양 한 마리의 비유는 유대인들에게 굉장히 충격적인 말씀이었습니다. 유대 광야는 너무나 척박하기 때문에 목자가 양을 관리할 때 어느 정도 손실을 감안하였습니다. 그런데 예수님의 비유에 어떤 말씀이 있습니까? 백 마리 양을 치던 목자가 한 마리 양을 잃었습니다. 목자는 잃은 양을 찾아 나섭니다. 그것도 아흔아홉 마리를 들에 두고 말입니다.

유대인들에게 목자의 행위는 이해할 수 없는 모습입니다. 목자에게 소중한 것은 잃어버린 한 마리 양이 아니라 들에 있는 아흔아홉 마리 양이었습니다. 성경시대 목자에게는 잃어버린 한 마리 양이 아니라 들에 있는 아흔아홉 마리 양이 더 소중합니다. 이처럼 잃어버린 양이나 다친 양은 소중하지 않았습니다. 성경시대의 목자는 다친 양을 소생시키는 것을 중요하게 여기지 않았습니다. 그만큼 열악한 환경이었습니다.

야곱은 요셉에게 형들이 양 떼를 잘 지키는가를 알아보고 오라고 합니다. 그래서 요셉은 먼 길을 떠나게 됩니다. 그만큼 집 주위에는 풀과 물이 부족하였습니다. 그래서 한 번 양을 치려면 수십 리 밖에까지 가서 양을 치곤 했습니다. 그러므로 주인이 삯꾼에게 양을 맡길 때도 20% 정도의 손실은 감안했습니다. 20%의 양을 잃어버린다 할지라도 주인이 문제 삼지 않았습니다. 그만큼 유대 광야는 척박한 곳이었습니다.

그러므로 목자가 신경을 곤두세우며 양을 돌본다는 것은 굉장히 어려운 일이었습니다. 유대 광야에는 양들의 굶주림이 있었습니다. 호시탐탐 양을 노리는 맹수가 있었습니다. 때로는 목자가 양을 칠 때 강도를 만나기도 했습니다. 요즈음으로 말하자면 부랑자들, 집단 노숙자들이 목자를 습격하고 양을 습격하여 양을 빼앗아 갔습니다.

양을 소생시키는 선한 목자

그리고 유대 광야에는 계곡이 있어서 자칫 잘못하면 양이나 염소가 골짜기로 떨어집니다. 그러면 양이 다칠 수밖에 없습니다. 그래서 정말로 선한 목자는 양이 다치거나 지쳐 쓰러졌을 때 양을 안고 나무 그늘에 데리고 갑니다. 그리고 양을 그늘 아래 누입니다.

나무가 없는 허허벌판이면 자기가 가지고 있는 지팡이를 지주로 세우고 겉옷을 벗어서 그늘을 만듭니다. 목자는 작은 그늘 아래 양을 누입니다. 그리고 자기가 가지고 있는 물통의 물을 양에게 먹이고 마사지를 합니다. 이렇게 1단계, 2단계, 3단계, 4단계를 거쳐서 양을 돌보는 것이 선한 목자의 모습입니다.

소생이 필요한 양들

그럼에도 불구하고 그곳이 너무나 척박한 곳이기 때문에 목자들은 이런 생각을 가지고 있었습니다. "이런들 어떠하리, 저런들 어떠하리. 한두 마리 양이 쓰러져서 잃어버린들 어떠하리." 이것이 그 당시 양에 대한 목자들의 생각이었습니다.

그런 가운데 예수님이 들려주신 잃어버린 한 마리 양의 비유는 유대인들에게 큰 충격이 아닐 수 없었습니다. 잃어버린 한 마리 양을 찾아 나서는 목자의 행위를 이해할 수 없었습니다.

척박한 환경 가운데서 잃어버리거나 쓰러진 유대 광야의 양들에게 필요한 것은 소생이었습니다. 양들은 그 척박한 곳에서 햇빛으로 인하여 지쳐 쓰러질 수 있습니다. 양들은 적은 풀과 적은 물로 인하여 지쳐 쓰러질 수 있습니다. 낭떠러지에 떨어져 다칠 수 있습니다. 그런 환경이 그 당시 유대 광야였습니다. 그래서 양들에게 꼭 필요한 것은 목자의 돌봄에 의해서 다시 소생함을 얻는 것입니다. 그러므로 다윗은, 여호와는 나의 목자라고 고백하면서 "내 영혼을 소생시키시고"라고 노래하고 있는 것입니다.

영적 전투를 벌이고 있는 성도들

오늘 우리가 살아가고 있는 이 세상에는 너무나 위험이 많습니다. 우리는 하나님의 양으로서 유대 광야 같은 척박한 이 세상에서 살아가고 있습니다. 우리가 하나님의 자녀이고 하나님의 양 떼이기 때문에 세상은 우리를 공격합니다. 성경은 마귀가 우는 사자와 같이 우리를 삼키려고 두루 찾고 있다고 말하고 있습니다. 세상이 우리를 유혹하고 있습니다.

수많은 하나님의 백성들이 일주일 동안 세상에서 살면서 마귀의 공격을 받습니다. 일주일 동안 영적 싸움을 싸우다가 돌아옵니다. 많은 성도들이 피곤한 모습으로 돌아오곤 합니다. 때로는 승리하기도 하지만 영적 전쟁터에서 부상을 당하기도 합니다. 그래서 이런저런 상처를 안고 하나님 앞으로 나옵니다. 이러한 성도들에게 필요한 것이 무엇일까요? 그것은 하나님께서 주시는 소생입니다. 우리에게는 하나님께서 주시는 소생이 필요합니다.

상처를 안고 오는 성도들

그러므로 목자의 심정으로 목사인 제가 성도들을 바라봅니다. 우리 성도들이 일주일 동안의 삶 속에서 너무나 아픈 상처들을 안고 나옵니다. 하나님의 자녀들이 악한 세력에게 공격을 받고 고통을 당하는 것을 봅니다. 수많은 상처를 안고 하나님 앞으로 나오는 성도들의 모습을 봅니다.

어떤 경우에는 너무나 상처가 크기에 하나님 앞에 나오지도 못합니다. 지금도 집에서 주저앉아 있는 영혼들이 있다는 것이 가슴 아픈 사실입니다. 수많은 세월 속에서 하나님의 자녀들은 상처를 받아 왔습니다. 또 일주일 동안 이 모양 저 모양으로 많은 상처를 안고 하나님 앞으로 나왔습니다. 이러한 하나님의 자녀들에게 필요한 것은 하나님께서 소생시켜 주시는 은혜인 줄 믿습니다.

축복의 하나님

다윗의 하나님은 축복의 하나님이십니다. 축복의 하나님은 자기 백성들을 회복시켜 주시는 하나님이십니다. 하나님은 상처를 싸매 주시는 하나님이십니다. 다윗은 노래하고 있습니다. "여호와는 나의 목자시니 내게 부족함이 없으리로다 그가 나를 푸른 풀밭에 누이시고 쉴 만한 물가로 인도하시는도다 내 영혼을 소생시키시고……." 다윗은 목동으로서 양을 칠 때, 양이 다쳤을 때, 그 양을 돌보아 주었습니다. 다윗은 양들의 상처를 싸매어 주는 목동이었습니다.

다윗은 자신의 삶 속에서 여호와가 자신의 목자가 되어 주신 것을 경험하였습니다. 다윗은 자신이 받은 상처로 인하여 쓰러져 있을 때 목자 되신 여호와께서 자신의 상처를 싸매어 주시는 것을 경험하였습니다. 그래서 다윗은 이렇게 노래하고 있습니다. 다윗의 하나님은 어떤 하나님일까요?

1 하나님은 다윗의 상처를 아시는 분입니다.

양은 광야에서 생활할 때 상처를 받을 수밖에 없는 환경에 노출되어 있습니다. 양은 광야의 열악한 환경으로 인해 상처를 받습니다. 선한 목자는 양의 상처를 압니다. 선한 목자는 그 양의 상처를 바라보면서 그 양을 불쌍히 여기고 양을 치료해 주기를 원하는 마음을 가집니다. 다윗은 훌륭한 목자였습니다. 다윗은 자신의 양을 잘 살폈습니다. 그리고 양들의 상태를 잘 파악하였습니다. 특히 다윗은 양들의 상처를 잘 알고 치료해 주었습니다.

하나님도 마찬가지입니다. 하나님은 다윗의 상처가 무엇인지 알고 계셨습니다. 다윗은 범죄하였습니다. 다윗은 은밀하게 죄를 지었습니다. 다윗은 우리아의 아내 밧세바를 취하였습니다. 다윗은 밧세바를 자신의 아내로 삼고자 하였습니다. 다윗은 우리아의 손에 요압에게 보내는 밀서를 들려 보냈습니다. 밀서의 내용은 우리아를 적진 깊숙이 침투시켜 죽이라는 것이었습니다. 요압은 다윗의 명령대로 우리아를 적진 깊숙이 침투시켜 전사하게 하였습니다. 다윗은 요즈음으로 말하자면 살인청부죄를 저질렀습니다.

다윗의 내면의 상처

이것이 다윗이 가지고 있는 내면의 상처였습니다. 다윗은 그 상처를 숨기고 싶었습니다. 그러나 하나님께서는 나단 선지자를 보내어 다윗의 상처를 드러내시고 지적하셨습니다. 이처럼 하나님은 다윗의 상처를 아셨습니다.

하나님은 하나님의 백성들이 이 땅에서 살아갈 때 상처를 안고 살아가는 것을 알고 계십니다. 그리고 그 상처를 바라보시면서 하나님은 눈물을 흘리시고 그 상처를 고쳐 주기를 원하십니다. 하나님은 다윗의 상처를 아시고 우리의 상처를 아시는 하나님이십니다.

2 하나님은 다윗의 영혼을 소생시키시는 분입니다.

다윗은 "내 영혼을 소생시키시고"라고 했습니다. 여기서 '영혼'은 '내펫'이라는 말로 우리 육체와 구분되는 말입니다. 그런데 이 영혼은 인격을 의미하는 것입니다. 하나님은 하나님의 백성들의 영혼을 소생시키시는 분입니다. 영혼을 소생시키는 능력을 가지고 계신 분이 우리의 하나님이십니다.

세상의 종교도 '인간에게 어떤 문제가 있는가?' 분석은 잘 합니다. 세상 종교도 '인간에게 어떤 고통이 있는가?' 인간의 고통에 대해서 말하고 있습니다. 그러나 세상 종교는 인간의 고통을 해결해 주지 못합니다. 더구나 세상 종교는 영혼을 소생시키는 능력이 없습니다. 스스로 해결하라는 것입니다. 스스로 깨닫고, 스스로 욕심을 버리고, 스스로 해탈하라는 것입니다. 이처럼 세상 종교는 인간의 영혼을 소생시킬 수 없습니다.

그러나 여호와는 영혼을 소생시키는 능력이 있는 분이십니다. 의사는 손상된 육체를 어느 정도 소생시킵니다. 그러나 영혼을 소생시키지는 못합니다. 그러나 하나님은 우리의 육체뿐만 아니라 우리의 영혼도 소생시킬 수 있는 능력을 가지신 분입니다.

하나님은 다윗의 상처를 아시고 다윗의 상처를 드러내셨습니다. 하나님께서 나단 선지자를 통하여 다윗의 상처를 드러내신 것은 다윗에게 망신을 주기 위함이 아닙니다. 하나님께서 다윗의 상처를 드러내신 목적은 다윗을 소생시키기 위함이었습니다. 하나님은 다윗의 마음에 회개의 영을 부어 주셨습니다. 그래서 다윗은 하나님께 눈물로 회개하고 그 영혼이 소생되었습니다. 그리고 다윗은 그 유명한 시편 51편을 지었습니다. 이처럼 하나님은 다윗의 영혼을 소생시키시는 분입니다.

3 하나님은 다윗을 소생시키기 위하여 희생하시는 분입니다.

다윗 시대의 수많은 목자들이 양에 대하여 이런 마음을 가졌습니다. "이런들 어떠하리. 저런들 어떠하리. 한두 마리 비실거리는 양을 잃은들 어떠하리." 이것이 그 당시 삯꾼의 모습입니다. 그렇게 해도 삯을 받는 데 지장이 없습니다. 주인이 나무라지 않습니다. 왜냐하면 그만큼 척박하기 때문입니다.

그러나 선한 목자는 양이 쓰러졌을 때 양을 끌어안고 나무 그늘 아래 누입니다. 아니면 지팡이를 지주 삼아 자기의 겉옷을 벗어서 그늘을 만든 뒤 그 그늘에 양을 누입니다. 자기의 물을 양에게 마시게 합니다. 그리고 그 양을 마사지해 주어서 양이 다시 기력을 회복할 수 있도록 했습니다. 이것이 선한 목자입니다. 그러기 위해서는 자기 희생이 있어야 합니다. 양에게 먹인 물은 자기가 마실 물이었습니다. 그 겉옷은 자기가 햇볕을 가리기 위한 것이었습니다. 이런 희생을 통하여 양을 소생시키는 것입니다.

예수 그리스도를 통한 하나님의 희생

하나님은 하나님의 백성들의 소생을 위하여 희생하시는 분입니다. 그래서 하나님은 독생자 예수 그리스도를 우리에게 보내 주셨습니다. 성탄절을 앞두고 있습니다. 성탄절은 하나님께서 우리를 소생시키기 위하여 독생자 예수님을 우리에게 보내 주신 날입니다. 성육신은 예수님이 우리를 소생시키기 위하여 영광의 하나님께서 육체로 오신 희생의 표시입니다.

이처럼 하나님은 다윗이 광야와 같은 세상을 살아갈 때 푸른 풀밭으로, 잔잔한 물가로 인도하셨습니다. 뿐만 아니라 다윗의 영혼을 소생시켜 주셨습니다. 하나님은 우리를 위하여 예수님을 보내 주셨을 뿐만 아니라 다윗을 위하여 예수님을 보내 주셨습니다. 예수님은 다윗의 후손입니다. 그러나 다윗은 자신의 후손으로 오실 예수님을 주님이라고 고백하였습니다. 다윗의 주님이신 예수님은 다윗을 위하여 십자가에서 죽으셨습니다. 다윗도 예수님의 죽으심으로 소생되었습니다. 하나님은 다윗의 소생을 위하여 예수님을 희생시키셨습니다. 이처럼 하나님은 다윗의 영혼을 소생시켜 주시는 분입니다.

예수님은 영혼을 소생시키신다.

예수님은 우리의 영혼을 소생시키시는 분입니다. 우리의 영혼을 소생시키는 유일한 방법은 예수님이 하늘의 영광을 버려두시고 우리와 똑같은 육체를 입고 이 세상에 오시는 것뿐이었습니다. 그리고 마지막에는 십자가에서 죽으시는 것이었습니다. 쓰러진 양을 소생시키기 위하여 하나님의 희생이 필요하였고 예수님의 희생이 필요하였습니다.

"그가 찔림은 우리의 허물 때문이요 그가 상함은 우리의 죄악 때문이라 그가 징계를 받으므로 우리는 평화를 누리고 그가 채찍에 맞으므로 우리는 나음을 받았도다"(사 53:5).

이처럼 예수님은 성육신과 십자가를 통하여서 우리를 소생시켜 주신 분입니다.

하나님은 우리의 영혼을 소생시켜 주신다.

하나님은 살아 계십니다. 살아 계신 하나님은 축복의 하나님이십니다. 축복의 하나님은 우리를 소생시켜 주십니다. 하나님은 우리를 어떻게 소생시켜 주실까요? 하나님은 우리의 영혼을 소생시켜 주십니다. 하나님은 우리가 영적으로 어떤 상태인지 알고 계십니다.

성령님은 우리의 마음속에 어떤 상처가 있는가를 알고 계십니다. 그리고 성령님은 우리의 육체에 어떤 질병이 있는가를 알고 계십니다. 또 우리의 모습을 보시고 안타까워하십니다. 성령님은 우리의 상처를 고쳐 주시는 능력의 하나님이십니다. 하나님은 우리를 소생시키기 위하여 하나님 자신을 희생하신 분입니다. 하나님은 우리를 행복한 사람으로 만들어 주길 원하십니다. 하나님은 우리의 행복을 위하여 우리의 영혼을 소생시켜 주십니다.

행복은 소생함으로 얻는 것이다.

행복은 소생함으로 얻는 것입니다. 소생함이 없이는 결코 참된 행복이 없습니다. 소생함이 없으면 상처를 안고 살아갈 수밖에 없습니다. 소생함이 없으면 상처로 인하여 고통스러울 수밖에 없습니다. 소생함이 없으면 불행해질 수밖에 없습니다.

그러나 소생함이 있으면 행복해집니다. 소생은 불행을 행복으로 바꾸어 줍니다. 참된 행복에는 반드시 소생이 있습니다. 행복과 소생함은 어떤 관련이 있을까요?

❶ 행복은 상처가 회복됨으로 얻는 것이다.

인간은 누구나 다 상처가 있습니다. 상처가 없는 사람은 없습니다. 상처가 없다고 부정하는 인생에게는 회복이 없습니다. 상처가 회복되지 않으면 불행할 수밖에 없습니다. 행복하기 위해서는 상처가 회복되어야 합니다.

아람의 나아만 장군을 아시지 않습니까? 그는 한 나라의 장군이었습니다. 겉으로는 화려한 갑옷을 입었습니다. 그러나 그 갑옷 속에는 무엇이 있었습니까? 나병이 있었습니다. 나아만은 한 나라의 장군이었지만 내면에는 남모르는 상처를 가지고 있었습니다. 상처를 안고 있는 나아만은 결코 행복하지 못하였습니다.

나아만의 회복

나아만이 행복해지기 위해서는 그의 상처가 회복되어야 합니다. 그의 상처가 회복되기 위해서는 먼저 자신의 상처를 드러내어야 합니다. 자신의 상처를 갑옷으로 감추고 있으면 결코 회복될 수 없습니다. 엘리사는 나아만에게 요단 강에 가서 몸을 씻으라고 했습니다. 나아만은 자신의 더러움을 드러내었습니다. 요단 강에서 몸을 담그기 위하여 어떻게 해야 합니까? 자신의 갑옷을 벗고 자신의 더러운 부분을 신하들과 부하들과 이스라엘 백성들 앞에서 드러내었습니다. 나아만은 엘리사의 말대로 상처를 드러내고 요단 강에서 몸을 씻음으로 회복이 되었습니다.

오늘날 세상 사람들은, 자신들은 상처가 없다고 말합니다. 하나님이 보시는 상처가 없다고 말합니다. 그러나 우리는 상처가 있는 사람들입니다. 여러분은 진정으로 회복되기 위하여 하나님 앞에서 상처를 인정하시기 바랍니다. 그때 참된 회복이 이루어지는 것입니다. 여러분의 상처를 하나님께 내미시기를 바랍니다. 병든 손을 내밀고, 병든 인격과 양심과 영혼을 내미는 여러분이 되기를 바랍니다. 왜냐하면 행복은 상처가 회복될 때 얻는 것이기 때문입니다.

❷ 행복은 영혼이 소생됨으로 얻는 것이다.

영혼은 육체와 구별된 단어입니다. 영혼은 전 인격을 의미합니다. 요즈음은 의술이 발달해서 웬만한 육체의 질병은 다 고칩니다. 웬만한 병은 다 회복이 됩니다. 그러나 영혼은 인간의 힘으로 회복되지 않습니다. 영혼은 오직 하나님만 회복시키실 수 있습니다.

영혼이 회복되는 것이 중요합니다. 영혼이 회복되지 않으면 육체의 질병이 회복된다 할지라도 그 회복은 진정한 회복이 아닙니다. 우리가 회복되어야 할 것은 바로 영혼입니다. 이처럼 영혼이 회복되는 것이 중요합니다.

> "사랑하는 자여 네 영혼이 잘됨같이 네가 범사에 잘되고 강건하기를 내가 간구하노라"(요삼 1:2).

이 말씀은 영혼이 잘되고 범사가 잘되고 강건해지는 것이 아닙니다. 영혼이 잘됨같이 범사가 잘되고 강건해지는 것입니다. 영혼이 잘되는 것이 중요합니다. 영혼이 잘되는 것이 모든 것의 기본입니다.

🍃 영혼의 소생에 관심을 가지라.

육체의 질병은 여러분이 기도로 고치고 병원에 가서 고칠 수 있습니다. 그러나 영혼의 질병은 반드시 하나님께 고침을 받아야 합니다. 영혼의 소생에 관심을 가지시기 바랍니다. 진정한 행복은 영혼이 소생될 때 얻는 것입니다.

그러므로 여러분의 자녀들도 영혼이 잘되어야 합니다. 영혼이 소생되어야 합니다. 여러분의 자녀들이 이 땅에서 육신적으로 잘되는 것에 관심을 가지지 말고 영혼이 잘되는 것에 관심을 가지시기 바랍니다. 자녀들의 영혼이 소생되고 영혼이 회복되는 데 관심을 갖는 믿음의 부모님이 되시기를 바랍니다. 여러부의 자녀들의 행복은 영혼에 달려 있습니다. 영혼이 소생되어야 행복할 수 있습니다.

③ 행복은 하나님이 소생케 하심으로 얻는 것이다.

행복은 하나님이 우리를 소생케 하실 때 얻는 것입니다. 하나님께서 우리의 모든 것을 주장하십니다. 우리의 육체는 오직 하나님만 주장하실 수 있습니다.

"네 머리로도 하지 말라 이는 네가 한 터럭도 희고 검게 할 수 없음이라"(마 5:36).

우리는 내 머리카락 하나도 희게 하거나 검게 할 수 없습니다. 하나님만 우리의 머리카락을 희게 하고 검게 하십니다. 하나님만 우리의 머리에서 떨어지는 머리카락을 주장하시고 헤아리십니다. 하나님만 우리의 생명을 주장하십니다.

하물며 우리의 죄는 더더욱 그렇습니다. 우리는 나의 죄 한 티끌이라도 해결할 수 없습니다. 하나님 외에는 그 어떤 죄도 희게 할 수 없습니다. 우리의 영혼을 소생시키시는 분은 오직 여호와 하나님 한 분뿐이십니다.

소생시키시는 하나님

다윗은 이 사실을 알았습니다. 그래서 다윗은 자신이 범죄했을 때 자신의 영혼의 소생을 위하여 하나님께 호소하였습니다.

> "하나님이여 주의 인자를 따라 내게 은혜를 베푸시며 주의 많은 긍휼을 따라 내 죄악을 지워 주소서 나의 죄악을 말갛게 씻으시며 나의 죄를 깨끗이 제하소서"(시 51:1-2).

이 시편은 다윗이 우리아의 아내 밧세바를 범한 것에 대해 나단 선지자의 책망이 있은 후 지은 것입니다. 다윗은 범죄로 자신의 영혼이 손상되었을 때 하나님께 회개하였습니다. 다윗은 영혼의 소생을 위하여 회개하였습니다. 다윗은 회개함으로 영혼을 소생케 하시는 하나님의 은혜를 받았습니다.

그 하나님께 나아오는 여러분이 되시기를 바랍니다. 하나님을 의지하십시오. 하나님은 영혼을 소생케 하시는 분입니다. 하나님은 우리의 영혼을 소생시키는 것을 기뻐하십니다. 하나님께 죄로 말미암아 손상된 영혼을 맡기시기 바랍니다. "여호와께서 내 영혼을 소생시키신다"라는 다윗의 이 고백이 여러분의 고백이 되시기를 바랍니다.

🌿 행복은 인공호흡기와 같다.

행복은 인공호흡기와 같습니다. 인공호흡기는 스스로 호흡할 수 없는 자의 호흡을 도와줍니다. 인공호흡기는 호흡이 곤란한 어린 아기나 환자나 노인들의 호흡을 도와줍니다. 인공호흡기는 호흡이 끊어져 가는 자의 호흡을 소생시켜서 생명을 줍니다.

행복도 마찬가지입니다. 행복은 우리를 소생케 합니다. 행복은 영혼을 소생케 합니다. 영혼이 손상되면 인생이 힘들고 고달픕니다. 영혼이 손상되면 불행합니다. 그러나 손상된 영혼이 소생되면 행복해집니다. 진정한 행복은 영혼이 회복되고, 영혼이 소생될 때 얻는 것입니다. 행복은 영혼을 소생케 합니다. 그러므로 행복은 인공호흡기와 같습니다.

🌿 소생되는 자가 되십시오.

여러분이 참으로 행복하기를 원하십니까? 여러분의 육체와 영혼이 소생되기 바랍니다. 여러분의 전 인격이 회복되기 바랍니다. 참으로 행복한 자는 소생함을 받는 자입니다. 여러분의 상처가 무엇입니까? 여러분의 질병이 무엇입니까? 여러분의 질병을 주님께 내어놓으시기 바랍니다.

여러분의 영혼의 상태는 어떻습니까? 여러분의 영혼에는 어떤 질병이 있습니까? 여러분의 영혼의 상처를 주님 앞에 내어놓으시기 바랍니다. 주님의 보혈은 어떤 영혼의 상처도 치료해 주는 능력이 있습니다. 주님의 보혈로 치유받고 회복되시기 바랍니다. 주님은 여러분을 행복하게 해주기 원하십니다. 주님은 이 시간도 여러분을 향하여 두 팔을 벌리고 기다리고 계십니다. 주님께서 여러분의 육체와 영혼을 소생케 해주심으로 참된 행복을 누리시기를 주님의 이름으로 축복합니다.

06
의의 길로 인도하시는도다
(시 23:3 하)

히말라야 셀퍼

우리는 가끔 우리나라 산악인들이 히말라야의 높은 산을 정복했다는 쾌거의 소식들을 접합니다. 그리고 우리의 산악인들이 높은 산을 정복하는 모습을 보면 너무 장합니다. 또 우리는 그들이 산 정상에 오른 모습을 사진이나 영상으로 봅니다. 우리가 그 영상을 본다는 것은 그 산악인과 카메라 기자가 함께 올라갔다는 것을 증명해 주는 것입니다. 그런데 산악인의 등정에 도움을 주는 자들이 있습니다. 그들은 셀퍼입니다. 셀퍼는 산악인들의 길을 인도해 주는 네팔인입니다. 셀퍼는 히말라야의 험한 길을 바르게 인도해 주는 자입니다.

유대 광야의 길

오늘 본문의 다윗은 "여호와는 나의 목자시니 그가 자기 이름을 위하여 의의 길로 인도하시는도다"라고 했습니다. 유대 광야에서 목자가 양을 좋은 길로 인도하는 것은 결코 쉬운 일이 아니었습니다. 제가 유대 광야에서 놀랍고 참 신기하였던 것은, 유대의 산은 거의 민둥산입니다. 멀리서 바라보면 산과 골짜기에 아주 희미한 선이 가로로 있는 것이 보입니다.

왜 선이 있을까 생각하였습니다. 과거에 우리나라 산이 거의 민둥산이었습니다. 민둥산에 만든 밭에서 곡식을 재배하였습니다. 유대 광야에서도 마치 밭고랑처럼 되어 있는 모습을 보았습니다. 그런데 가까이 가서 보니 밭고랑이 아니었습니다. 그것은 가로로 수없이 연결되어 있는 길이었습니다.

의의 길, 바른길

오늘 본문에 나오는 길은 요즈음같이 포장이 잘되어 있는 길이 아닙니다. 목자와 양과 염소가 수없이 걸어 다녔기 때문에 형성된 길입니다. 그리고 오늘 본문에서 "의의 길로 인도하시는도다"라고 했습니다. 그런데 여기에서 '의의 길'이라는 번역은 조금 문제가 있습니다.

여기에서 '의의 길'은 '의의 길'이기보다는 '바른길' 혹은 '옳은 길'입니다. 왜냐하면 '의의 길'의 반대 개념이 무엇입니까? '의의 길'의 반대는 '불의의 길'입니다. 양이 어떻게 불의한 길을 걸어갈 수 있겠습니까? 양이 잘못된 길은 걸어갈 수 있어도 불의의 길을 걸어갈 수는 없지 않습니까? 그렇기 때문에 여기에서 길은 '바른길' 혹은 '옳은 길'입니다.

길을 인도하는 목자

목자가 양들을 옳은 길로 인도하는 것은 그렇게 쉬운 일이 아니었습니다. 유대 광야는 끝없이 펼쳐져 있습니다. 목자가 양을 잘 인도해야 원하는 목적지에 갈 수 있습니다. 목자가 양을 옳은 길로 인도해야 양을 푸른 풀밭이나 혹은 쉴 만한 물가로 인도할 수 있습니다. 그리고 저녁이 되면 양들을 우리로 데리고 올 수 있습니다.

양은 방향 감각이 없습니다. 양은 잘못된 길로 갈 수 있습니다. 그래서 목자가 잘 인도해야 합니다. 그런데 가끔 목자가 실수하여 양을 잘못 인도하면 엉뚱한 방향으로 가게 됩니다. 해가 서산으로 뉘엿뉘엿 질 때 빨리 돌아가지 않으면 큰 어려움을 당할 수 있습니다. 유대 광야가 바로 그런 곳이었습니다.

그리고 유대 광야에는 많은 길들이 있습니다. 따라서 자칫 잘못하면 착시 현상이 일어날 수 있습니다. 원하는 목적지에 가지 못하고 잘못된 길로 들어설 수 있습니다. 그래서 양들이 탈진하는 경우가 있습니다. 선한 목자는 양을 바른길로 인도합니다. 그러나 유능하지 못한 목자는 양을 잘못된 길로 인도하여 낭패를 당하기도 합니다.

예레미야 시대의 선지자들

이것은 영적인 일에서도 마찬가지입니다. 예레미야 선지자는 아나돗에서 양을 치던 목자 출신이었습니다. 예레미야서에는 하나님께서 목자와 양의 관계에서 주신 말씀이 있습니다.

"내 백성은 잃어버린 양 떼로다 그 목자들이 그들을 곁길로 가게 하여

산으로 돌이키게 하였으므로 그들이 산에서 언덕으로 돌아다니며 쉴 곳을 잊었도다"(렘 50:6).

잘못된 목자는 가끔 양을 옳은 길이 아니라 곁길로 인도합니다. 목자가 원하는 우리로 가는 것이 아니라 엉뚱한 곳으로 돌이키게 해서 쉴 곳을 찾지 못하게 하는 일이 종종 있었습니다. 예레미야 선지자 시대는 영적으로 어두운 시대였습니다. 거짓 선지자들이 하나님의 백성들을 영적으로 잘못 인도하였습니다. 예레미야 선지자는 이스라엘 백성들이 영적으로 큰 어려움에 처해 있는 것을 이렇게 표현하였습니다.

이름을 소중히 여기시는 하나님

이처럼 모든 목자가 다 양을 옳은 길로 인도하는 것은 아니었습니다. 오직 유능한 목자, 선한 목자만이 양을 옳은 길로 인도하였습니다. 오늘 말씀을 보면 "여호와는 나의 목자시니 그가 자기 이름을 위하여 의의 길로 인도하시는도다"라고 했습니다. 하나님은 자기 이름을 위하여 다윗을 의의 길로 인도하셨습니다.

여기에서 주목할 것은 '자기 이름을 위한다'는 것입니다. 유대인들은 명예를 굉장히 소중히 여깁니다. 명예를 소중하게 여기기 때문에 사람들로부터 천한 직업으로 여김을 받는 목자들조차도 자기의 명예를 소중하게 여깁니다. 목자가 양을 옳은 길로 인도할 때 자기의 이름을 겁니다. 목자는 자기 이름을 위하여, 자기 명예를 위하여 양을 옳은 길로 인도한다는 것입니다.

명예를 소중히 여기는 목자들

다윗은 베들레헴에서 유능한 목동이었습니다. 아버지와 형제들도 다윗을 인정하였을 뿐만 아니라 동네 사람들도 인정하는 유능한 목동이었습니다. 그래서 다윗은 양을 잘 이끄는 유능한 목동이라는 명예를 가지고 있었습니다. 다윗은 자신의 명예를 위하여, 자신의 이름을 위하여 양들을 옳은 길로 인도하였습니다.

마찬가지로 하나님도 자기 이름을 위하여 하나님의 백성들을 의의 길로 인도하십니다. 유대 광야에서 목자가 양을 바른길로 인도하는 것은 결코 쉬운 일이 아니라 어려운 일이었습니다. 그러나 하나님은 자기의 명예를 위하여 자기 백성들을 옳은 길로 인도하십니다.

방향 감각이 없는 우리들

우리는 오늘 이 어려운 세상에서 광야와 같은 인생길을 걸어가고 있습니다. 우리는 누구나 다 바른길을 가기를 원합니다. 우리는 하나님의 자녀입니다. 우리는 거룩한 성도입니다. 그래서 누구 한 사람 잘못된 길을 걸어가기 원하는 사람은 없습니다. 누구나 다 바른 인생길을 걸어가기 원합니다. 이것이 우리의 바람입니다.

그러나 우리의 실상은 어떻습니까? 양은 방향 감각이 없습니다. 양은 바른길을 판단하지 못합니다. 양이 바른길을 모르듯이 우리도 바른길을 모릅니다. 우리는 바른길을 가기 원합니다. 그러나 어디가 바른길인지 모릅니다. 유대 광야에서 그 수많은 길을 보고 착시현상을 일으키듯이 어느 길이 바른길인지 모릅니다. 오히려 잘못된 길을 바른길로 착각하는 일들이 얼마나 많이 있는지 모릅니다.

수많은 인생들이 잘못된 길을 걸어가고 있습니다. 예수 믿는 사람들도 여전히 무의미한 길을 걸어가고 있습니다. 성도들도 비생산적인 길을 걸어가고 있습니다. 우리는 하나님께 영광이 된다고 생각하지만 하나님의 영광을 가릴 수 있습니다. 우리는 하나님 앞에 자신의 삶을 드리기를 원합니다. 그럼에도 불구하고 여전히 방향 감각이 없이 무의미한 길을 걸어갈 수 있습니다.

자녀를 잘못 인도하는 부모

우리는 자녀들을 사랑합니다. 자녀들이 성공하기를 바랍니다. 자녀들의 성공을 바라지 않는 부모는 없습니다. 그런데 우리가 자녀들을 잘못된 길로 인도할 수 있습니다. 우리 자녀들이 입시 지옥에 시달리고 있습니다. 성도들도 자기 자녀들을 훌륭하게 키우기를 원합니다. 자녀들을 좋은 대학에 보내기를 원합니다. 그래서 성적을 중요하게 여긴 나머지 자녀들을 하나님 앞에 예배드리고 하나님 앞에 헌신하는 모습으로 살아가게 하기보다 당장 학원에 보내 공부를 시킵니다. 그것이 자녀를 사랑하는 길이고, 자녀를 성공의 길로 인도하는 것이라고 믿는 부모가 얼마나 많습니까?

잘못된 길을 가고 인도하는 성도

성도들 자신도 마찬가지입니다. 많은 성도들이 지금 잘 살아가고 있는 것으로 착각하고 있습니다. 자신은 지금 신앙생활을 잘하고 있다고 자부하고 있습니다. 그러나 실상은 하나님 앞에서 무의미한 삶을 살아가고 있습니다. 마치 다람쥐 쳇바퀴 돌듯이 하루하루 무의미한 삶을 살아가고 있습니다. 이것은 광야와 같은 세상에서 어떻게 사는 것이 바른길이고 성공의 길인지 모르는 어린 양과 같은 것입니다.

이런 양들에게 필요한 것이 무엇일까요? 바로 바른길로 인도하는 목자가 필요한 것입니다. 여러분은 과연 어떤 길을 걸어가고 있습니까? 여러분이 가는 길은 과연 바른길입니까? 혹시 하나님 앞에서 의미 없는 무의미한 길을 걸어가고 있지는 않습니까? 여러분은 지금 어떤 길을 걸어가고 있습니까?

축복의 하나님

오늘 본문을 보면 다윗의 하나님은 축복의 하나님이십니다. 하나님은 자기 백성들을 행복하게 해주기를 원하십니다. 하나님은 어떻게 자기 백성들을 행복하게 해주기를 원하십니까? 하나님은 자기 백성들이 잘못된 길을 걸어가게 하시지 않습니다. 하나님은 자기 백성들이 바른길로 가게 하십니다. 하나님은 그분의 사람으로 하여금 바른길로 가게 하셔서 행복하게 하십니다. 하나님은 자기 백성을 옳은 길로 가게 하셔서 축복하시는 하나님입니다.

다윗은 자신의 삶을 뒤돌아보았습니다. 그리고 여호와께서 자신의 목자가 되어 주심을 알았습니다. 매 순간순간 그가 잘못된 길을 걸어갈 때 하나님께서 선한 목자가 되어 주셔서 바른길로 인도하신 것을 경험하였습니다. 그래서 다윗은 여호와께서 자기 이름을 위하여 자신을 의의 길로 인도하신다고 노래하고 있습니다. 이러한 다윗의 하나님은 어떤 분이실까요?

1 하나님은 자기 백성을 바른길로 인도하셨습니다.

목자는 양들을 바른길로 인도해야 양들을 푸른 풀밭으로 인도할 수 있습니다. 그래야 양들을 쉴 만한 물가로 데려갈 수 있습니다. 그리고 해가 지기 전에 다시 우리로 데려갈 수 있습니다. 다윗은 베들레헴에서 훌륭한 목동이었습니다. 그는 자기에게 맡겨진 양들을 잘못된 길로 인도하지 않았습니다. 다윗은 자기 양을 잃어버리거나 탈진하게 하지 않았습니다. 다윗은 자기 양이 맹수들에게 먹히는 일이 없도록 하였습니다. 다윗은 자기의 양 떼를 옳은 길로 인도하는 훌륭한 목동이었습니다.

하나님은 우리를 푸른 풀밭과 쉴 만한 물가로 인도하십니다. 하나님은 우리 인생의 풀밭이 어디에 있는지 아십니다. 하나님은 우리 인생의 쉴 만한 물가가 어디에 있는지 아십니다. 그리고 하나님은 우리를 인도하실 때 실수가 없이 바른길로 인도하십니다.

2 하나님은 자기 백성을 위하여 선한 목자를 주셨습니다.

이스라엘 백성은 하나님의 백성이지만 그들은 갈 바를 모르는 양과 같았습니다. 양은 방향 감각이 없습니다. 사사시대에 대한 중심 구절이 무엇일까요? "그때에 이스라엘에 왕이 없으므로 사람이 각기 자기의 소견에 옳은 대로 행하였더라"(삿 21:25)는 말씀입니다. 사사기에는 이 말씀이 두 번 나옵니다.

사사시대에 자기 백성이 옳은 대로 행하였다는 것은 각자 알아서 잘 살았다는 의미가 아닙니다. 자기 소견에 옳은 대로 행하였다는 것은 자기 마음대로 살았다는 것입니다. 양은 방향 감각이 없습니다.

그와 같이 자기가 하고 싶은 대로 살았던 시대가 바로 사사시대였습니다.

사사시대의 사이클

사사시대에 이스라엘 백성들은 하나님께 죄를 범하였습니다. 하나님은 범죄한 이스라엘 백성들을 징계하셨습니다. 하나님이 징계하실 때에 이스라엘 백성들은 하나님께 회개하였습니다. 이스라엘 백성들이 하나님께 회개하면 하나님은 사사를 보내어서 구원하셨습니다. 그래서 사사시대는 범죄와 징계와 회개와 구원의 사이클이 계속해서 반복되었습니다. 이처럼 이스라엘 백성들은 갈 바를 알지 못하였습니다. 그래서 하나님은 이스라엘 백성을 위하여 사사를 보내주셨습니다. 선지자를 보내주셨습니다. 하나님은 이스라엘 백성들이 나아갈 길을 제시해 주셨습니다.

인생의 길잡이 예수님

그리고 최종적으로 하나님께서는 하나님의 백성들의 삶의 길잡이로 예수 그리스도를 보내주셨습니다. 예수님은 이 세상에 오셔서 어떻게 사는 것이 바른길을 가는 것인지를 보여주셨습니다. 예수님은 제자들에게 말씀하셨습니다. "나는 선한 목자다. 선한 목자는 자기 양의 이름을 알고 양들보다 앞서 간다"(요 10:3-4).

선한 목자는 결코 뒤에서 양들을 몰아치는 목자가 아닙니다. 선한 목자는 바른길을 앞서 걸어가면서 양들을 인도합니다.

예수님은 우리 인생들에게 바른길을 어떻게 걸어가야 하는가를 보여주신 인생의 길잡이십니다. 하나님은 각 시대마다 자기 백성을 바른길로 인도하시기 위하여 바른길잡이를 주셨습니다. 자기 백성들을 바른길로 인도하기 원하시는 하나님의 심정을 볼 수 있습니다.

3 하나님은 자기 명예를 위하여 자기 백성을 바른길로 인도하셨습니다.

다윗은 훌륭한 목동이었습니다. 다윗은 훌륭한 목자로서 자신의 명예를 위하여 양들을 바른길로 인도하였습니다. 하나님도 마찬가지입니다. 하나님은 이스라엘 백성들을 인도하셨습니다. 이스라엘 백성들이 잘못되면 하나님의 명예에 흠집이 납니다. 하나님은 하나님의 이름을 위하여 자신의 명예를 걸고 이스라엘 백성들을 바른길로 인도하시는 분입니다.

성경을 보면 이스라엘 백성의 지도자들은 이스라엘 백성들이 잘못될 때 하나님의 이름을 걸고 기도했습니다. "하나님! 이 백성들이 잘못되면 하나님의 이름에 손상이 가지 않습니까? 하나님의 이름을 위하여 이 백성을 용서하여 주시고 바른길로 인도하여 주옵소서!"

여호수아의 기도

여호수아는 위기를 만났을 때 이렇게 기도하였습니다.

"가나안 사람과 이 땅의 모든 사람들이 듣고 우리를 둘러싸고 우리 이름을 세상에서 끊으리니 주의 크신 이름을 위하여 어떻게 하시려 하나이까"(수 7:9).

지금 이스라엘 백성들이 아간의 범죄로 말미암아 아이 성 싸움에서 실패하였습니다. 그래서 여호수아가 하나님께 기도하였습니다. "하나님! 이 민족을 이 땅에서 끊으시면 주의 크신 이름을 어떻게 하시겠습니까? 하나님의 이름, 하나님의 명예를 위하여 이 백성을 긍휼히 여겨 주시고 이 백성을 다시 일으켜 주시고 이 백성에게 승리를 주셔야 하지 않겠습니까?" 이것이 바로 여호수아의 기도였습니다.

명예를 소중히 여기시는 하나님

여호수아는 이 비밀을 알았던 것입니다. 하나님은 자기의 이름을 소중히 여기십니다. 하나님은 자신의 명예를 귀하게 여기십니다. 그래서 이스라엘 백성들이 한번 실수한다 할지라도 결코 버리지 않으십니다. 하나님은 이스라엘 백성을 용서하시고 다시 기회를 주십니다.

그러므로 여러분도 이런 기도가 필요합니다. "하나님! 하나님의 이름을 위하여 저를 용서하여 주옵소서. 하나님의 이름을 위하여 저를 다시 세워 주옵소서. 하나님! 우리 가정을 다시 세워 주옵소서!" 이런 기도가 필요한 줄로 믿습니다. 이처럼 하나님은 자기의 명예를 위하여 자기 백성들을 옳은 길로 인도하시는 분입니다.

예수님은 옳은 길이다.

예수님은 우리의 옳은 길입니다. 그래서 주님은 말씀하셨습니다. "나는 길이요 진리요 생명이다." 예수님은 길입니다. 유일한 길입니다. 하나님께 나아갈 수 있는 유일한 길입니다. 그리고 예수님은 어떻게 사는 것이 바른 삶인가를 그 삶을 통하여 우리에게 보여주셨습니다.

어떤 선교사가 밀림에서 길을 잃어버렸습니다. 그래서 한 원주민을 만나서 길을 잃어버렸으니 좀 인도해 달라고 하였습니다. 그러자 원주민이 밀림을 헤쳐 나갑니다. 길이 없는데도 갑니다. 그래서 선교사가 물었습니다. "이 길이 아니지 않습니까?" 원주민이 대답하였습니다. "여기에서는 내가 가는 길이 곧 길입니다." 그리고 원주민은 곧 선교사가 원하는 곳까지 인도했습니다. 이와 같이 예수님은 우리의 옳은 길이 되십니다. 예수님은 우리의 바른길이십니다.

하나님은 자신의 이름을 위하여 우리를 의의 길로 인도하신다.

하나님은 살아 계십니다. 살아 계신 하나님은 우리를 축복하시는 하나님이십니다. 우리를 행복하게 해주기를 원하시는 하나님이십니다. 하나님은 우리의 인생을 바른길로 인도하시는 분입니다. 우리는 어디로 가는 것이 참된 길인지 모르는 양과 같은 존재입니다. 그런데 하나님은 우리에게 참된 길을 보여주십니다. 말씀을 통하여 보여주십니다. 선지자를 통하여 보여주십니다. 주의 종들을 통하여 보여주십니다. 우리가 어떻게 살아가는 것이 바른길인가를 하나님께서는 우리에게 제시해 주십니다.

하나님은 자신의 이름을 위하여 우리를 바른길로 인도하십니다. 하나님은 자신의 명예를 걸고 우리를 옳은 길로 인도하십니다. 하나님의 인도하심에는 실패가 없습니다. 하나님은 반드시 바른길로 인도하셔서 하나님이 원하시는 목적지에 이르게 하십니다.

행복은
바른길을 가는 것이다.

여러분! 행복은 무엇일까요? 행복은 바른길을 걸어가는 것입니다. 잘못된 길을 걸어가면 인생이 피곤하고 낭비될 수밖에 없습니다. 잘못된 길을 걸어가면 결코 행복해질 수 없습니다. 참된 행복은 바른길을 걸어갈 때 얻는 것입니다. 바른길을 걸어가면 보람이 있습니다. 기쁨이 있습니다. 아름다운 열매가 있습니다. 이처럼 행복은 바른길을 걸어갈 때 얻습니다. 바른길을 가는 행복은 어떤 행복일까요?

❶ 행복은 하나님이 인도하시는 바른길을 가는 것이다.

다윗은 바른길을 걸어갔습니다. 그런데 다윗도 인간인지라 나쁜 길의 유혹이 있었습니다. 다윗은 죄악의 길을 갈 때 죄로 인하여 고통스러웠습니다. 다윗이 잘못된 길을 갈 때 그 가정에 불행이 임하였습니다. 다윗이 범죄의 길을 갈 때 백성이 고통을 받았습니다. 그가 잘못된 길을 갈 때는 불행하였습니다.

그러나 다윗은 생의 중요한 순간순간마다 바른길을 걸어갔습니다. 다윗은 잘못된 길에서 돌이켰습니다. 다윗은 범죄의 길에서 회개하였습니다. 그리고 다윗은 하나님의 인도하심에 따라 바른길을 걸어갔습니다. 하나님이 인도하시는 옳은 길을 걸어갔습니다. 그래서 다윗은 누구보다 행복한 사람이 되었습니다.

여러분! 행복하기를 원하십니까? 그러면 하나님이 인도하시는 바른길로 걸어가십시오. 하나님 외에 세상이 제시하는 길은 성공의 길처럼 보이지만 그 길은 결국 망하는 길입니다. 하나님의 말씀을 통하여 바른길을 아시기 바랍니다. 하나님의 음성을 통하여 바른길을 선택하시기 바랍니다. 하나님이 세우신 멘토를 통하여서 바른길을 걸어가는 여러분이 되시기를 바랍니다. 행복은 하나님이 인도하시는 바른길을 가는 것입니다.

❷ 행복은 예수님이 가신 바른길을 따라가는 것이다.

예수님은 우리의 길이 되십니다. 예수님은 길이요 진리요 생명이 되십니다. 예수님은 우리 삶의 모범이 되십니다. 예수님은 어떻게 사는 것이 바른 삶인가를 우리에게 보여주셨습니다. 예수님은 선한 목자로 우리보다 앞서 가셨습니다. 예수님은 우리에게 바른길을 가는 모범을 보여주셨습니다.

그러므로 옳은 길을 가신 주님을 따르시기 바랍니다. 주님이 걸어가신 길을 가면 인생이 성공할 수 있습니다. 주님이 걸어가신 길을 가면 행복할 수 있습니다.

옳은 길 따르라 의의 길을 세계 만민의 참된 길
이 길 따라서 살기를 온 세계에 전하세 만백성이 나갈 길
어둔밤 지나고 동튼다 환한 빛 보아라 저 빛
주 예수의 나라 이 땅에 곧 오겠네 오겠네.

주님은 말씀하셨습니다. "누구든지 나를 따르려거든 자기를 부인

하고 자기 십자가를 지고 나를 좇을 것이니라." 예수님을 따르는 자가 되시길 바랍니다. 예수님을 좇는 것이 바로 행복의 길입니다. 주님이 걸어가신 그 길을 여러분도 걸어가시기 바랍니다.

❸ 행복은 바른길을 걸어감으로 하나님의 이름을 높이는 것이다.

다윗은 바른길을 가면서 하나님의 이름을 높였습니다. 우리의 행복은 하나님의 이름을 높이는 데 있습니다. 하나님의 이름을 높이기 위해서는 바른길로 걸어가야 합니다. 하나님은 자신의 명예를 위하여 우리를 바른길로 인도하십니다. 그러므로 우리는 하나님이 인도하시는 바른길로 걸어가면서 하나님의 이름을 높여드리는 자가 되어야 합니다.

인생 최대의 목적이 무엇일까요? "너희가 먹든지 마시든지 무엇을 하든지 하나님의 영광을 위하여 하라"고 했습니다. 우리 인생의 목적은 무엇입니까? 하나님의 영광을 높이 드러내는 것입니다. 하나님의 영광을 드러내기 위해서는 우리가 바른길로 걸어가야 합니다.

> "이같이 너희 빛이 사람 앞에 비치게 하여 그들로 너희 착한 행실을 보고 하늘에 계신 너희 아버지께 영광을 돌리게 하라"(마 5:16).

여러분이 바른길로 걸어가지 않으면 하나님의 영광을 가리게 됩니다. 그러나 여러분이 착한 행실로, 바른길로 걸어가면 하나님의 명예가 높아지는 것입니다.

아브라함이 걸어간 길

아브라함은 바른길을 걸어감으로 하나님의 이름을 높였습니다. 하나님도 그런 아브라함을 자랑스럽게 여기셨습니다.

"그들이 이제는 더 나은 본향을 사모하니 곧 하늘에 있는 것이라 이러므로 하나님이 그들의 하나님이라 일컬음 받으심을 부끄러워하지 아니하시고 그들을 위하여 한 성을 예비하셨느니라"(히 11:16).

아브라함은 바른길을 걸어갔습니다. 아브라함은 바른길을 걸어감으로 하나님의 명예를 높였습니다. 이처럼 참된 행복은 바른길을 걸어감으로 하나님의 이름을 높이는 데 있습니다.

여러분이 바른 삶을 살지 못하면 하나님을 욕되게 하는 것입니다. 그러나 여러분이 바른 삶을 살고 바른길로 걸어가면 세상 사람들이 여러분을 인정할 것입니다. 세상이 교회를 칭송하고 예수 믿는 사람들을 인정할 것입니다. 그러면 하나님의 이름을 높이게 됩니다. 하나님의 이름을 높이는 것이 참된 행복의 길인 줄 믿습니다. 그러므로 하나님의 이름을 높이기 위하여 바른길로 걸어가는 여러분이 되시기 바랍니다.

행복은 나침반과 같다.

행복은 나침반과 같습니다. 바다를 항해하는 배에게 꼭 필요한 것은 나침반입니다. 나침반은 굉장히 중요합니다. 나침반은 배가 항해할 때 방향을 제시해 줍니다. 배가 아무리 좋아도 나침반이 없으면 배가 원하는 곳으로 갈 수 없습니다. 그러나 나침반이 있으면 정확한 방향을 읽고 원하는 목적지에 도착할 수 있습니다.

행복도 마찬가지입니다. 하나님이 주신 행복은 우리를 바른길로 인도합니다. 참으로 행복한 자는 인생길을 방황하지 않습니다. 참으로 행복한 자는 자신이 가야 할 방향을 분명히 알고 있습니다. 그리고 자신이 가야 할 방향을 향하여 나아가는 자입니다. 그리고 참으로 행복한 자는 자신이 가야 할 목적지에 도달하는 자입니다. 그러므로 행복은 나침반과 같습니다.

의의 길로 걸어가십시오.

여러분은 참으로 행복한 자가 되기를 원하십니까? 그렇다면 의의 길로 걸어가십시오. 바른길로 걸어가십시오. 옳은 길로 걸어가십시오. 그러면 행복해질 수 있습니다. 그 길은 예수님이 가신 길입니다. 예수님은 우리보다 앞서 바른길로 걸어가셨습니다. 예수님이 가신 길을 따라가시기 바랍니다.

그러면 여러분은 예수님처럼 하나님의 이름을 높일 수 있습니다. 하나님의 이름을 높이는 여러분은 이 세상에서 그 누구보다도 행복해질 수 있습니다. 왜냐하면 행복은 의의 길을 걸어가는 것이기 때문입니다. 여러분은 지금 어떤 길을 걸어가고 있습니까? 지금 여러분이 가는 길이 여러분의 행복을 결정합니다.

07

사망의 음침한 골짜기로 다닐지라도
(시 23:4 상)

인생의 거친 들

우리는 왜 예수를 믿습니까? 누구나 다 예수 믿고 복 받고 편안한 삶을 살기 위하여 예수를 믿습니다. 오늘 찬양은 어떻습니까?

이 세상 나그네 길을 지나는 순례자
인생의 거친 들에서 하룻밤 머물 때
환난의 궂은 비바람 모질게 모질게 불어도
천국의 순례자 본향을 향하네.

우리가 살아가는 이 세상은 정말로 거친 세상입니다. 왜 그럴까요? 예수 믿으면 거친 세상이 아니라 편안한 삶이 되어야 하지 않습니까? 왜 우리의 삶 속에는 거친 들판이 기다리고 있을까요?

시편 23편은 아주 목가적인 시입니다. 그런데 느닷없이 4절에 와서는 "내가 사망의 음침한 골짜기로 다닐지라도 해를 두려워하지 않을 것은 주께서 나와 함께하심이라"라고 했습니다. 왜 사망의 음침한 골짜기가 나올까요? 유대 광야는 어떤 우유 광고의 배경처럼 뉴질랜드의 천혜의 목장과 같은 그런 환경이 아닙니다.

험준한 유대 광야

유대 광야는 요단 계곡을 가까이 두고 있습니다. 요단 계곡은 굉장히 가파르고 또 험악합니다. 왜냐하면 지형적으로 요단 계곡은 아프리카 판과 아라비아 판이 만나는 장소입니다. 그래서 굉장히 험준하고 골짜기가 많습니다. 꼭 그랜드 캐니언과 같습니다.

여러분 중에는 그랜드 캐니언에 가보신 분들이 있을 것입니다. 가보지 못한 분이라도 오래 전에 63빌딩에서 아이맥스 영화를 통하여 보신 분들도 있을 것입니다. 아니면 사진으로 보신 분들도 있을 것입니다. 그래서 그랜드 캐니언이 어떤 곳인지 잘 알고 있을 것입니다. 요단 계곡은 작은 그랜드 캐니언과 같습니다.

낮에도 캄캄한 계곡

요단 계곡은 밝은 낮이라 할지라도 평지에는 태양이 눈부시게 빛나고 있지만 깊은 계곡은 다릅니다. 밤은 말할 것도 없이 밝은 대낮에도 깊은 계곡은 어둡습니다. 지형적으로 계곡이 남북으로 형성되었으면 해가 지나갈 때 햇빛이 잘 듭니다. 그런데 요단 계곡의 골짜기는 동서로 형성되어 있습니다.

팔레스타인은 우리와 같이 북반구입니다. 해가 동쪽에서 떠서 남쪽을 지나 서쪽으로 집니다. 그래서 계곡이 남북으로 형성되었다면 햇빛이 잘 들 것입니다. 그러나 계곡이 동서로 형성되어 있으면 햇빛이 들지 않습니다. 그런데 요단 계곡은 동서로 형성되어 있기 때문에 낮에도 골짜기에는 햇빛이 들지 않고 어둡습니다.

다윗이 경험한 골짜기

다윗은 사망의 음침한 골짜기로 다닐지라도 해를 두려워하지 않는다고 했습니다. 이것은 자기 경험에서 나온 것입니다. 그러면 우리는 이렇게 생각할 것입니다. 목자가 양을 데리고 그 골짜기를 통과하지 않으면 될 것이지 왜 거기로 가느냐고 말입니다. 그러나 양을 치다 보면 거기로 갈 수밖에 없습니다. 왜냐하면 쉴 만한 물가로 인도하려면 내려가야 합니다. 골짜기로 지나가야 합니다. 그래야 양들을 쉴 만한 물가로 인도할 수 있습니다.

그런데 골짜기로 내려갈 때는 많은 동굴들이 형성되어 있습니다. 그 동굴에는 대낮에도 맹수들이 쉬고 있습니다. 목자 없이 양만 골짜기로 내려가면 목숨을 잃는 위험한 장소입니다. 그래서 해를 입을 수 있습니다.

예레미야가 경험한 골짜기

예레미야 선지자는 아나돗의 목자 출신이었습니다. 예레미야 역시 다윗처럼 양을 치는 목자 출신이었습니다. 그래서 예레미야서를 보면 자신이 경험한 목자의 메시지가 자주 발견됩니다.

"그들이 우리를 애굽 땅에서 인도하여 내시고 광야 곧 사막과 구덩이 땅, 건조하고 사망의 그늘진 땅, 사람이 그곳으로 다니지 아니하고 그곳에 사람이 거주하지 아니하는 땅을 우리가 통과하게 하시던 여호와께서 어디 계시냐 하고 말하지 아니하였도다"(렘 2:6).

예레미야 선지자는 여호와를 사망의 그늘진 땅 그리고 사람이 거주하지 아니하는 땅을 우리로 통과하게 하시던 분이라고 하였습니다. 이와 같이 유다 광야에는 사망의 음침한 골짜기가 있었습니다.

인생의 골짜기

오늘 우리 인생도 마찬가지입니다. 우리가 이 세상을 살아갈 때 평온한 평지만 있는 것이 아니라 우리 삶에 있어서 사망의 음침한 골짜기를 만날 때가 있습니다. 우리가 예수를 믿음에도 불구하고 계속해서 우리에게는 어려움이 밀려옵니다. 이 어려움은 마치 바닷가에 밀려오는 파도와 같습니다. 한 번 왔다가 잔잔해지면 또다시 밀려옵니다.

인생도 마찬가지입니다. 인생의 파도도 끊임없이 밀려옵니다. 하나의 문제가 지나가면 또 다른 문제가 다가옵니다. 하나의 인생의 파도가 물러가면 또 다른 인생의 어두움이 밀려옵니다. 우리는 이 세상을 살아가면서 계속해서 어려움의 골짜기, 힘든 사망의 골짜기를 만날 수밖에 없는 삶을 살아갑니다. 이것이 오늘 우리의 모습입니다.

축복의 하나님

우리 하나님은 축복의 하나님이십니다. 축복의 하나님은 우리를 축복하시되 항상 우리를 축복하시는 분입니다. 하나님은 어떤 경우에서도 우리를 축복하시는 분입니다. 심지어 우리의 하나님은 우리가 사망의 음침한 골짜기를 지날 때에도 여전히 축복의 하나님이십니다.

그래서 다윗은 "내가 사망의 음침한 골짜기로 다닐지라도 해를 두려워하지 않을 것은 주께서 나와 함께하심이라"라고 노래하였습니다. 다윗이 이렇게 노래한 것은 다윗 자신이 목동으로 양 떼를 이끌고 사망의 음침한 골짜기를 통과한 경험이 있었기 때문입니다.

그리고 자신의 인생에서도 사망의 음침한 골짜기를 경험하였습니다. 다윗은 자신의 사망의 음침한 골짜기에서 하나님의 함께하심을 경험하였습니다. 다윗은 해를 받지 않게 해주신 하나님을 경험하였습니다. 그래서 다윗은 시편 23편에서 이렇게 노래하고 있는 것입니다. 다윗의 하나님은 구체적으로 어떤 하나님이실까요?

1 하나님은 다윗에게 사망의 음침한 골짜기를 허용하셨습니다.

유대 광야에서 양을 치면 사망의 음침한 골짜기를 다니지 않을 수 없습니다. 따라서 양 역시 사망의 음침한 골짜기를 만나지 않을 수 없습니다. 사망의 음침한 골짜기는 유대 광야의 양들이 부딪칠 수밖에 없는 환경이었습니다.

다윗 역시 그랬습니다. 다윗의 삶을 보면 그는 수많은 사망의 음침한 골짜기를 다녔습니다. 사울이 다윗의 생명을 노렸습니다. 다윗은 사울에게 수년 동안 쫓겨 다녔습니다. 그리고 다윗은 왕이 된 후에도 수많은 전쟁을 치렀습니다. 생명의 위협을 받는 순간들이 다윗의 삶 속에는 너무나 많았습니다.

마귀가 주는 사망의 골짜기

그러면 다윗에게 사망의 음침한 골짜기는 왜 찾아왔을까요? 그 배후에는 마귀가 있습니다. 마귀는 인간으로 하여금 죄를 범하게 하였습니다. 그 범죄의 결과로 사망이 왔습니다. 마귀는 인간에게 사망을 주었을 뿐만 아니라 사망의 음침한 골짜기를 주었습니다. 따라서 사망의 음침한 골짜기가 여러 가지 형태의 고통으로 찾아왔습니다.

다윗은 사울에게 쫓기는 신세를 경험하였습니다. 다윗은 아들 압살롬에게 쫓기는 고통을 경험하였습니다. 그 외에도 그는 수많은 전쟁터에서 사망의 음침한 골짜기를 만났습니다. 그러면 다윗은 왜 이런 사망의 음침한 골짜기를 만나게 되었을까요?

그 배후에는 마귀가 있습니다. 마귀는 우리의 삶을 도둑질하는 도둑입니다. 마귀는 우리에게 사망을 가져다주고, 사망의 음침한 골짜기를 가져다주었습니다. 그러나 이 모든 것은 하나님의 주권 아래 있습니다. 욥의 경우가 그랬습니다. 마귀는 욥에게 엄청난 사망의 골짜기를 주었습니다. 마귀는 욥의 재산과 종들을 빼앗아 갔습니다. 심지어는 열 자녀를 한날 한시에 빼앗아 갔습니다. 마지막에는 욥의 몸에 악창이 나게 하였습니다.

그러나 마귀는 이 모든 것을 자기 맘대로 하지 못하고 하나님의 결재를 받았습니다. 다시 말해서, 하나님의 허용 아래에서 마귀는 욥에게 사망의 음침한 골짜기를 주었습니다. 다윗도 마찬가지입니다. 마귀는 다윗에게 사망의 음침한 골짜기를 주었습니다. 그러나 마귀도 하나님의 주권 아래 있었습니다. 하나님이 다윗으로 하여금 사망의 음침한 골짜기를 만나게 허용하신 것입니다. 이처럼 사망의 음침한 골짜기는 하나님의 백성들에게 있어서 필연입니다.

2 하나님은 다윗이 사망의 음침한 골짜기에서 해를 받지 않게 하셨습니다.

다윗은 분명히 사망의 음침한 골짜기를 만났습니다. 그러나 그때마다 선한 목자이신 하나님은 다윗과 함께하셨습니다. 하나님은 다윗과 함께하심으로 다윗을 지켜 주시고 다윗을 보호해 주셨습니다. 다윗은 사망의 골짜기에서 머리카락 하나 상하지 않았습니다.

사망의 음침한 골짜기가 다윗에게 있어서 필연이었듯이 하나님의 보호하심도 필연이었습니다.

"나의 힘이신 여호와여 내가 주를 사랑하나이다 여호와는 나의 반석이시요 나의 요새시요 나를 건지시는 이시요 나의 하나님이시요 내가 그 안에 피할 나의 바위시요 나의 방패시요 나의 구원의 뿔이시요 나의 산성이시로다 내가 찬송 받으실 여호와께 아뢰리니 내 원수들에게서 구원을 얻으리로다"(시 18:1-3).

이처럼 다윗의 삶에는 사망의 음침한 골짜기가 있었습니다. 그러나 하나님이 다윗과 함께하셔서 다윗의 머리카락 하나 다치지 않도록 지켜 주시고 보호해 주셨습니다. 하나님은 다윗으로 하여금 사망의 음침한 골짜기로 다니게 하셨지만 해를 받지 않도록 지켜 주시고 보호해 주셨습니다.

엔게디 황무지의 위험

사울은 끊임없이 다윗의 목숨을 노렸습니다. 사울은 다윗이 엔게디 황무지에 숨어 있다는 소식을 듣고 3,000명의 군사를 이끌고 다윗을 찾았습니다. 그러나 다윗은 발을 가리기 위하여 굴에 들어온 사울을 죽이지 않고 살려 주면서 사울의 겉옷자락만 베었습니다. 이처럼 사울은 엔게디의 사망의 음침한 골짜기에서 다윗을 죽이려 하였습니다. 그러나 하나님은 엔게디의 사망의 음침한 골짜기에서 다윗으로 하여금 해를 받지 않게 하셨습니다.

십 황무지의 위험

사울은 자신을 죽이지 않은 다윗을 또다시 추격하였습니다. 사울의 정보망에 다윗이 십 황무지에 있다는 소식이 들려왔습니다. 사울은 또다시 3,000명의 군사를 이끌고 다윗의 생명을 노렸습니다. 그러나 다윗은 잠든 사울의 진영에 들어가 사울을 죽이지 않고 사울의 창과 물병만 가지고 나왔습니다. 사울은 다윗을 죽이려 하였지만 하나님은 다윗과 함께하셨습니다. 하나님은 다윗의 생명을 노리는 사울의 군사작전을 어린 아이들의 병정놀이로 만들어 버리셨습니다. 이처럼 하나님은 십 황무지의 사망의 음침한 골짜기에서 다윗이 해를 받지 않게 하셨습니다.

3 하나님은 다윗이 사망의 음침한 골짜기를 통과하여 목적지에 도착하게 하셨습니다.

왜 목자가 양을 이끌고 사망의 음침한 골짜기로 통과할까요? 목자가 원하는 목적지에 가기 위하여 양을 이끄는 것입니다. 목자는 쉴 만한 물가로 인도하기 위하여 양을 이끌고 갑니다. 왜 하나님은 하나님의 백성들을 사망의 음침한 골짜기로 데리고 가실까요? 그곳을 통과하여 하나님의 백성들이 원하는 목적지에 도착하게 하기 위하여 하나님은 그곳으로 인도하시는 것입니다.

다윗이, 다윗이 될 수 있었던 것은 사망의 음침한 골짜기가 있었기 때문입니다. 다윗의 위대한 삶은 사망의 음침한 골짜기가 없었기 때문이 아니라 사망의 음침한 골짜기를 경험했기 때문입니다. 다윗의 주옥과 같은 시편이 어떻게 나올 수 있었을까요? 다윗이 뉴질랜드나 대관령 목장과 같은 환경에서만 자랐더라면 결코 이런 시가 나올 수 없었을 것입니다.

사망의 음침한 골짜기를 통과한 후

다윗은 자신의 삶 속에서 자주 사망의 음침한 골짜기를 통과하였습니다. 다윗은 그곳에서 하나님께서 자신과 함께하심을 경험하였습니다. 그리고 그것을 표현함으로 주옥과 같은 시를 지을 수 있었습니다. 다윗은 오늘 이 시대를 살아가고 있는 우리에게도 위로를 줄 수 있는 사람이 된 것입니다. 이처럼 유대 광야에는 사망의 음침한 골짜기가 있었습니다. 양은 그곳을 통과할 수밖에 없었습니다.

그러나 양이 목자와 함께 사망의 음침한 골짜기를 통과하면 목적지에 도착할 수 있습니다. 다윗의 삶도 마찬가지입니다. 하나님은 다윗과 함께하셨습니다. 하나님은 다윗이 사망의 음침한 골짜기를 통과할 때 함께하셨습니다. 그리고 다윗의 삶을 인도하셨습니다. 하나님은 다윗이 가야 할 목적지에 무사히 도착하게 하셨습니다. 이처럼 하나님은 사망의 음침한 골짜기에서 다윗을 인도하시고 함께하셔서 그를 위대한 하나님의 사람으로 만드셨습니다.

예수님의 사망의 음침한 골짜기

우리 예수님은 우리를 위하여 사망의 음침한 골짜기로 내려오신 분입니다. 예수님의 성육신은 예수님이 이 땅의 사망의 음침한 골짜기로 내려오신 사건입니다. 예수님은 영원 전부터 하나님과 동등하사 함께하신 영광스런 분이었습니다.

그런데 예수님은 죄 많은 이 세상의 사망의 음침한 골짜기로 내려오셨습니다. 우리와 똑같은 육체를 입고 이 세상에 오셨습니다. 그리고 예수님은 실제로 십자가에서 죽으심으로써 사망의 음침한 골짜기로 내려가셨습니다. 무덤에 장사되셨습니다. 왜 예수님은 십자가에서 죽으시고 무덤에 장사되셨습니까? 그것은 우리를 위해서입니다.

우리는 영원한 지옥에 떨어져서 비참한 삶을 살 수밖에 없었습니다. 우리가 가야 할 지옥은 영원한 사망의 음침한 골짜기입니다. 그런데 예수님은 우리를 구원하시기 위하여 스스로 사망의 음침한 골짜기로 내려가셨습니다. 예수님은 우리 인간이 경험하는 모든 고통을 다 체휼하셨습니다. 우리를 그 고통에서 구원하시기 위하여 우리가 당하는 모든 고통을 체휼하셨습니다. 이처럼 예수님은 우리를 위하여 사망의 음침한 골짜기로 내려가심으로써 영원한 사망의 골짜기로 떨어질 수밖에 없는 우리를 구원하셨습니다.

하나님은 우리로 사망의 음침한 골짜기에서 해를 면하게 하신다.

하나님은 살아 계십니다. 살아 계신 하나님은 우리를 사랑하시는 하나님이십니다. 우리를 사랑하시는 하나님은 우리를 사망의 음침한 골짜기로 데려가십니다. 그리고 그곳에서 우리와 함께해 주십니다. 하나님은 해를 받지 않도록 우리를 지켜 주시고 보호해 주시는 분입니다. 그리고 하나님은 그 사망의 음침한 골짜기를 통과해서 우리를 목적지까지 데려가시는 분입니다.

하나님은 우리로 사망의 음침한 골짜기를 통과하게 하십니다. 우리를 정금과 같은 믿음으로 빛나게 하십니다. 하나님은 사망의 음침한 골짜기로 우리를 성숙시켜 주십니다. 하나님은 사망의 음침한 골짜기를 통과하게 하심으로 우리가 궁극적으로 가야 할 목적지인 천국으로 인도하십니다. 그러므로 행복은 무엇일까요?

행복은 사망의 음침한 골짜기에서도 얻는다.

세상의 상식으로는 사망의 음침한 골짜기에는 행복이 없습니다. 행복은 푸른 초장과 쉴 만한 물가에만 있는 것으로 생각합니다. 사람들은 사망의 음침한 골짜기를 부정적으로만 생각합니다. 사망의 음침한 골짜기를 고통스럽게만 생각합니다. 불행의 상징으로만 생각합니다. 그래서 우리 삶 속에서 없어야 한다고 생각합니다. 그리고 사망의 음침한 골짜기를 만나면 불행하다고 생각합니다.

그러나 행복은 사망의 음침한 골짜기에도 있습니다. 왜 그렇습니까? 그 이유는 하나님이 우리와 함께하시기 때문입니다. 하나님께서 사망의 음침한 골짜기를 행복으로 바꾸시기 때문입니다. 그러면 행복과 사망의 음침한 골짜기는 어떤 관련이 있을까요?

❶ 행복은 사망의 음침한 골짜기의 과정에 있다.

유대 광야에는 푸른 초장만 있는 것이 아닙니다. 유대 광야에는 사망의 음침한 골짜기가 있습니다. 사망의 음침한 골짜기는 오히려 필연입니다. 그리고 유다 광야의 종착지가 아니라 과정입니다. 푸른 초장과 쉴 만한 물가로 가는 과정입니다. 이렇듯 사망의 음침한 골짜기는 하나의 과정이기 때문에 행복할 수 있습니다.

오히려 우리는 예수를 믿기 때문에 사망의 음침한 골짜기를 만납니다. 마귀는 우는 사자와 같이 삼킬 자를 두루 찾고 있습니다. 만약 우리가 하나님의 자녀가 아니면 마귀는 결코 우리를 삼키려고 하지 않습니다. 왜냐하면 마귀 자신의 자녀는 삼키려고 하지 않기 때문입니다. 오히려 마귀는 자신의 자녀를 자기의 그늘 아래 두고 세상의 썩어질 것을 주면서 지옥으로 데려갑니다.

그러나 우리가 하나님의 자녀가 되었을 때 마귀의 태도는 달라집니다. 마귀는 우리를 삼키려고 합니다. 마귀는 우리를 파멸시키려고 합니다. 마귀는 우리의 삶을 도둑질하려고 합니다. 마귀는 우리의 삶을 사망의 음침한 골짜기로 데려갑니다. 그래서 우리의 삶의 과정에는 사망의 음침한 골짜기가 있을 수밖에 없습니다.

욥이 당한 골짜기

그런데 이것을 누가 허락합니까? 하나님이 허락하십니다. 하나님께서는 우리에게 때로 형통한 날도 주시고, 때로 곤고한 날도 주십니다. 욥을 보십시오. 마귀는 욥에게서 재산을 빼앗아 갔습니다. 자식을 빼앗아 갔습니다. 그리고 그 몸에 종기가 나게 하였습니다. 욥은 사망의 음침한 골짜기로 내려갔습니다. 왜 그랬을까요? 욥이 하나님을 믿는 의인이기 때문에 마귀가 욥을 사망의 음침한 골짜기로 데려간 것입니다.

그런데 그것을 누가 허락하였습니까? 하나님이 허락하셨습니다. 그러므로 진정한 행복을 누리기 위해서는 사망의 음침한 골짜기의 과정이 있는 것입니다. 여러분이 사망의 음침한 골짜기를 만날 때 하나님이 살아 계시지 않고 하나님이 나를 사랑하시지 않는 것으로 생각하지 마십시오. 오히려 내가 하나님의 자녀이기 때문에 하나님이 나에게 참된 행복을 주시기 위하여 사망의 음침한 골짜기를 허락하신 것을 믿음으로 받아들이시기 바랍니다.

❷ 행복은 사망의 음침한 골짜기에서도 얻는 것이다.

목자가 푸른 초장과 쉴 만한 물가에서 양에게 관심을 가지는 것과 사망의 음침한 골짜기를 통과할 때 양에게 관심을 가지는 것은 다릅니다. 평온할 때는 목자가 양을 그냥 버려둬도 양은 잘 자랍니다. 그러나 사망의 음침한 골짜기를 통과할 때는 목자가 긴장합니다. 양에게 더 많은 관심을 가집니다.

우리 인생도 마찬가지입니다. 하나님이 우리에게 형통한 날을 주실 때는 하나님이 우리에게 덜 관심을 가져도 우리가 잘 살아갈 수 있습니다. 그러나 우리에게 곤고한 날이 왔을 때, 어려움이 왔을 때, 사망의 음침한 골짜기를 통과할 때는 다릅니다. 하나님은 두 눈을 부릅뜨고 우리를 지켜보시고, 우리를 보호해 주십니다.

부모에게 건강한 자식과 아픈 자식이 있다면 누구에게 더 많은 관심을 갖겠습니까? 당연히 아픈 자식에게 더 많은 애정을 가질 것입니다. 같은 자식이라도 건강할 때와 아플 때, 어느 경우에 더 많이 마음을 씁니까? 부모는 자식이 건강할 때보다 아플 때 더 마음이 가기 마련입니다.

사망의 음침한 골짜기의 비밀

하나님도 마찬가지입니다. 하나님은 우리가 푸른 초장과 쉴 만한 물가에 있을 때보다 사망의 음침한 골짜기를 통과할 때 더 큰 사랑을 주십니다. 그럴 때 우리는 더 큰 행복을 누리는 것입니다. 행복은 환경 때문에 얻는 것이 아니라 하나님의 사랑을 듬뿍 받을 때 얻는 것입니다. 이것이 바로 사망의 음침한 골짜기의 비밀입니다.

여러분이 고통당할 때 하나님은 어디 계실까요? 하나님은 멀리 계시지 않습니다. 하나님은 여러분과 함께하십니다. 하나님은 여러분을 더 큰 능력의 손으로 붙들어 주십니다. 그래서 사망의 음침한 골짜기에서 임마누엘의 하나님은 여러분을 더 강력하게 붙들어 주시는 줄로 믿으시기 바랍니다. 그렇기 때문에 사망의 음침한 골짜기에서 더 행복할 수 있습니다.

❸ 행복은 사망의 음침한 골짜기를 통과함으로 얻는 것이다.

목자가 양들을 데리고 사망의 음침한 골짜기로 내려가는 것은 쉴 만한 물가로 인도하기 위한 것입니다. 골짜기로 내려가면 시원한 물이 있기 때문에 그렇습니다. 하나님은 우리에게 왜 사망의 음침한 골짜기로 내려가는 것을 허락하십니까? 우리를 더욱더 성숙시키기 위함입니다.

욥을 보십시오. 마귀는 욥을 데리고 사망의 음침한 골짜기로 내려갔습니다. 하나님이 그것을 허락하셨습니다. 그러나 하나님이 욥을 붙들어 주셨습니다. 그래서 욥은 그 어려운 가운데서도 승리하였습니다. 마귀는 사망의 음침한 골짜기에서 욥이 가지고 있는 모든 것을 빼앗아 갔습니다. 그러나 욥은 "주신 이도 하나님이시요 거두어 가신 이도 하나님이라"고 고백하였습니다. 욥이 사망의 음침한 골짜기를 통과했을 때 하나님은 욥에게 배의 축복을 주셨습니다. 이것이 바로 하나님이 사망의 음침한 골짜기를 통과한 자에게 주시는 축복입니다.

위대한 신앙인 다윗

다윗은 사망의 음침한 골짜기를 통과하였기 때문에 위대한 신앙인이 되었습니다. 하나님이 여러분에게 사망의 음침한 골짜기를 허락하셨습니다. 그 이유는 여러분을 더욱더 하나님의 자녀다운 자녀로 만드시기 위한 것입니다. 그러므로 사망의 음침한 골짜기를 하나님의 과정으로 받아들이시기 바랍니다.

그리고 사망의 음침한 골짜기를 통과하면 하나님은 우리를 어디로 데려가십니까? 우리를 저 천국으로 데려가십니다. 이것이 바로 사망의 음침한 골짜기를 통과하는 자에게 주시는 축복입니다. 하나님은 곤고한 날이 끝나면 형통한 날을 주십니다. 그 시련을 극복하면 여러분의 신앙은 정금과 같이 빛날 것입니다.

사망의 음침한 골짜기는 삶의 종착지가 아닙니다. 사망의 음침한 골짜기는 삶의 과정입니다. 여러분이 사망의 음침한 골짜기를 통과하면 종착지가 있습니다. 그 종착지는 행복입니다. 그 종착지는 천국입니다. 여러분이 이 세상의 거친 들판을 다 달려가면 하나님은 저 천국으로 인도하실 것입니다.

행복은 용광로와 같다.

행복은 용광로와 같습니다. 용광로에는 엄청난 열을 가합니다. 열을 가하지 않으면 용광로 안에 있는 그 무엇도 녹일 수 없습니다. 그러나 용광로에 열을 가하면 용광로 안에 있는 그 무엇도 녹일 수 있습니다. 뜨거운 용광로는 모든 불순물을 제거합니다. 뜨거운 용광로에서 순수한 금이나 철이 생산됩니다.

행복도 마찬가지입니다. 행복에는 용광로와 같은 고통이 있습니다. 아픔이 있습니다. 평탄함만 있으면 진정한 행복을 얻을 수 없습니다. 유대 광야에는 사망의 음침한 골짜기가 있습니다. 사망의 음침한 골짜기가 없는 것이 행복이 아닙니다. 사망의 음침한 골짜기가 있는 것이 행복입니다. 사망의 음침한 골짜기는 있을 수밖에 없기 때문입니다. 그러므로 행복은 뜨거운 과정이 있는 용광로와 같습니다.

사망의 음침한 골짜기의 행복

여러분의 삶의 과정에 있는 사망의 음침한 골짜기의 수수께끼를 해결하시기 바랍니다. 사망의 음침한 골짜기는 없을 수 없습니다. 사망의 음침한 골짜기는 반드시 있습니다. 그러나 하나님은 여러분과 함께하셔서 해를 받지 않도록 지켜 주십니다. 하나님은 궁극적으로 하나님이 원하시는 목적지까지 여러분을 인도하실 것입니다.

하나님이 여러분에게 주시고자 하는 목적지는 곤고한 날을 통과한 형통한 날입니다. 사망의 음침한 골짜기로 여러분의 신앙이 더욱더 아름답게 성숙할 것입니다. 그리고 궁극적으로 하나님은 여러분을 저 천국으로 인도하실 것입니다.

행복을 누리십시오.

이제 여러분 앞에 있는 고통과, 어려움과, 사망의 음침한 골짜기를 바라보는 시각이 달라지기를 바랍니다. 사망의 음침한 골짜기는 있을 수밖에 없습니다. 아니, 사망의 음침한 골짜기는 필요한 것입니다.

하나님은 여러분과 함께하셔서 하나님의 능력이 얼마나 큰가를 보여 주기 원하십니다. 하나님은 여러분을 단련시키고 훈련시켜서 여러분을 성숙하게 하십니다. 하나님은 사망의 음침한 골짜기로 하나님이 원하시는 그 목적지까지 인도하시는 사랑의 하나님이십니다.

여러분 삶에 사망의 음침한 골짜기가 있습니까? 사망의 음침한 골짜기에서 여러분과 함께하시는 하나님을 경험하시기 바랍니다. 하나님은 여러분에게 해를 면하게 하실 것입니다. 하나님은 사망의 음침한 골짜기에서 오히려 여러분을 행복하게 하실 것입니다. 하나님의 은혜로 사망의 음침한 골짜기에서도 행복을 누리는 귀한 복이 있기를 주님의 이름으로 축복합니다.

08

주의 지팡이와 막대기가
나를 안위하시나이다

(시 23:4 하)

선한 목자 예수님의 성화

여러분은 성화 중에 선한 목자 되신 예수님의 모습을 그린 그림을 본 적이 있을 것입니다. 예수님께서 양 한 마리를 안으시고 큰 지팡이를 가지고 있는 그림입니다. 그런데 그 그림에는 아주 중요한 것이 빠져 있습니다. 무엇이 빠져 있을까요? 그것은 목자가 지팡이는 갖고 있는데 막대기가 보이지 않는 것입니다. 화가가 막대기를 그리지 못한 것은 유대 목자가 무엇을 가지고 있는가를 잘 알지 못했기 때문일 것입니다. 그런 이유 때문에 막대기를 그리지 못했다고 볼 수 있습니다.

다윗의 고백

다윗은 "여호와는 나의 목자"라고 고백했습니다. 그리고 "내가 사망의 음침한 골짜기로 다닐지라도 해를 두려워하지 않을 것은 주께서 나와 함께하심이라"고 했습니다. 이어서 그는 말하기를 "주의 지팡이와 막대기가 나를 안위하시나이다"라고 했습니다. 여러분! 좀 이상하지 않습니까? 어떻게 그 보잘것없는 지팡이와 막대기로 안위할 수 있습니까?

지팡이와 막대기가 아니라 좀 더 현실감 있게 칼이나 창으로 안위하시면 얼마나 좋겠습니까? 요즈음으로 말하자면 총이나 첨단무기를 가지고 안위해 주신다면 이해가 될 것입니다. 그런데 그 보잘것없는 지팡이와 막대기로 안위하실 수 있겠습니까?

지팡이와 막대기

여기에서 여러분이 이해해야 할 것은, 지팡이와 막대기는 반복어가 아닙니다. 히브리 문법에서는 반복어가 자주 등장하고 있습니다. 예를 들어, 구약성경을 읽으면 "야곱아, 이스라엘아." 이렇게 하나님이 말씀하시는 것을 봅니다. 야곱과 이스라엘은 같은 단어를 반복한 것입니다.

이스라엘은 야곱이 하나님으로부터 얍복 강가에서 천사와 씨름한 후에 받은 이름입니다. 그래서 구약성경에서 야곱과 이스라엘이 같이 나오는 것을 봅니다. 이것은 동일한 단어이면서 반복어이고 강조어법입니다.

신약으로 넘어오면 예수님이 제자들에게 기도를 가르치시면서 "구하라 찾으라 문을 두드리라"라고 하신 말씀을 기억하고 있을 것입니다. 이것 역시 히브리적인 용법입니다. 이것은 우리가 입으로 구하고,

발로 찾고, 손으로 두드리는 기도 방법을 말하는 것이 아닙니다. "구하라, 찾으라, 문을 두드리라"라고 하는 것은 "기도하라, 기도하라, 기도하라"라고 하는 기도에 대한 강조어법인 것입니다.

그러나 본문에 나오는 지팡이와 막대기는 동일한 단어를 반복하면서 강조하는 것이 아닙니다. 지팡이와 막대기는 엄연한 구분이 있습니다. 지팡이는 감람나무 뿌리에서 나오는 가지로 만들어져서 굉장히 깁니다. 반면에 막대기는 감람나무 줄기에서 나온 가지로서 굉장히 뭉뚝합니다. 지팡이와 막대기는 이런 차이가 있습니다.

지팡이의 용도

그리고 지팡이와 막대기는 쓰이는 용도가 다릅니다. 목자가 양을 인도할 때는 지팡이로 인도합니다. 목자는 양이 잘못된 방향으로 가면 그야말로 그 지팡이로 양의 목을 끌어당깁니다. 목자가 잘못 가고 있는 양을 바른길로 인도하는 데 사용하는 것이 지팡이입니다. 갑자기 홍수가 나면 물의 깊이를 알 수 없습니다. 그래서 목자들은 개울을 건널 때 물의 깊이가 어느 정도인지 지팡이로 깊이를 재곤 했습니다. 이것이 지팡이의 용도입니다. 다시 말해서, 지팡이는 양들을 잘 인도하는 데 사용하는 도구입니다. 지팡이는 목자가 양들의 방향을 설정하는 데 사용하였습니다.

왕의 규

이 지팡이는 나중에 왕의 규와 같은 이미지가 있는 것을 볼 수 있습니다.

"규가 유다를 떠나지 아니하며 통치자의 지팡이가 그 발 사이에서 떠나지 아니하기를 실로가 오시기까지 이르리니 그에게 모든 백성이 복종하리로다"(창 49:10).

야곱이 유다를 위하여 예언할 때 유다에게서 규가 떠나지 아니하며, 통치자의 지팡이가 그 발 사이에서 떠나지 아니한다고 했습니다. 이 규는 왕이 사용하는 것입니다. 다시 말해서, 유다 지파에서 유다 왕 메시아가 태어날 것을 야곱은 예언하고 있습니다. 이와 같이 지팡이는 왕이 사용하는 규와 같은 이미지가 있습니다.

막대기의 용도

반면에 막대기는 지팡이와 다른 용도로 사용했습니다. 목자는 맹수들이 공격해 올 때 그 뭉뚝한 막대기로 맹수를 물리쳤습니다. 그래서 어린 다윗이 골리앗에게 나아갈 때 무엇을 가지고 나아갔습니까? 막대기와 물매를 가지고 나아갔습니다. 왜 다윗은 지팡이가 아닌 막대기를 가지고 나아갔을까요? 그것은 다윗이 골리앗을 대항해서 싸우러 나가는 것이었기 때문입니다.

우리는 막대기라고 하면 흔히 옛날 어머니들이 부지깽이로 쓰던 막대기 정도로 생각합니다. 그러나 여기에서 말하는 막대기는 그런 막대기가 아닙니다. 여기에서 말하는 막대기는 감람나무 줄기에서 나온 뭉뚝한 것입니다. 막대기는 목자들이 공격용으로 사용하는 무기입니다. 목자들이 그 막대기로 한 번 내리치면 맹수들이 치명적인 상처를 입고 도망갈 수밖에 없는 막대기입니다. 그래서 다윗은 골리앗에게 나아갈 때 지팡이가 아닌 공격용 막대기를 가지고 나아갔던 것입니다. 이렇게 지팡이와 막대기는 분명히 구별된 의미로 사용되고 있습니다.

그리고 우리는 이사야서에서 막대기의 의미를 다시 찾을 수 있습니다.

> "공의로 가난한 자를 심판하며 정직으로 세상의 겸손한 자를 판단할 것이며 그의 입의 막대기로 세상을 치며 그의 입술의 기운으로 악인을 죽일 것이며"(사 11:4).

여기서 그의 입의 막대기로 세상을 친다고 했습니다. 막대기는 공격용으로 사용하였습니다. 이처럼 목자는 지팡이와 막대기를 가지고 맹수를 공격하여 양을 안위하였습니다.

우리를 공격하는 마귀

오늘 우리의 문제는 무엇입니까? 오늘 우리는 양과 같아서 우리의 삶의 방향을 알지 못할 때가 있습니다. 양은 방향 감각이 없습니다. 우리 역시 하나님의 자녀이면서 때로는 어느 방향으로 가야 하는지 모를 때가 있습니다. 이것이 우리의 모습입니다.

또 우리의 문제는 무엇일까요? 우리는 마귀의 공격에 너무나 연약합니다. 유대인의 양들이 맹수에게 당할 때 속수무책이듯이 오늘 우리도 마찬가지입니다. 마귀는 우는 사자와 같이 우리를 삼키려고 두루 찾고 있습니다. 그래서 마귀가 우리를 유혹합니다. 마귀는 때로 우리에게 치명적인 상처를 입히면서 공격하기도 합니다. 이러한 마귀의 공격 앞에 연약한 한 마리의 양처럼 있을 수밖에 없는 것이 오늘 우리의 모습입니다.

축복의 하나님

오늘 본문을 보면 다윗의 하나님은 축복의 하나님이십니다. 하나님은 자기 자녀들을 축복하시되 유대 광야 같은 어려운 환경 속에서 때로는 지팡이로 인도해 주시고, 때로는 막대기로 보호해 주십니다.

다윗이 이처럼 시편 23편 4절에서 "주의 지팡이와 막대기가 나를 안위하시나이다"라고 고백할 수 있었던 것은 다윗 자신이 베들레헴 목동으로 있으면서 양들을 칠 때 지팡이와 막대기를 가지고 양들을 잘 보호하였기 때문입니다.

더 나아가서 다윗은 자신의 삶 속에서 선한 목자가 되시는 여호와께서 지팡이와 막대기로 자신의 삶을 안위하시는 것을 경험하였기 때문입니다. 그러므로 다윗은 이렇게 노래하고 있습니다. 그렇다면 다윗의 삶 속에서 하나님은 어떻게 역사하고 계실까요?

1 하나님은 지팡이로 다윗을 인도하셨습니다.

다윗은 연약한 인간이기 때문에 잘못된 길로 가기도 하였습니다. 그 대표적인 사건이 무엇일까요? 다윗이 우리아의 아내 밧세바를 취한 것입니다. 그는 왕의 권세를 가지고 자기의 충실한 신하인 우리아의 아내를 범하는 잘못을 저질렀습니다. 더 나아가서 다윗은 우리아를 적진 깊숙이 투입시켜 전사하게 하였습니다. 다윗은 요압을 통하여 청부 살인을 하였습니다.

그때 하나님께서는 나단 선지자를 보내셨습니다. 하나님은 다윗이 지금 잘못된 길을 걸어가고 있다고 말씀해 주셨습니다. 그리고 하나님은 다윗을 바른길로 인도해 주셨습니다. 하나님은 다윗에게 회개의 영을 부어 주셨습니다. 그래서 다윗은 하나님께 회개하였습니다.

"하나님이여 주의 인자를 따라 내게 은혜를 베푸시며 주의 많은 긍휼을 따라 내 죄악을 지워 주소서 나의 죄악을 말갛게 씻으시며 나의 죄를 깨끗이 제하소서 무릇 나는 내 죄과를 아오니 내 죄가 항상 내 앞에 있나이다 내가 주께만 범죄하여 주의 목전에 악을 행하였사오니 주께서 말씀하실 때에 의로우시다 하고 주께서 심판하실 때에 순전하시다 하리이다 내가 죄악 중에서 출생하였음이여 어머니가 죄 중에서 나를 잉태하였나이다 보소서 주께서는 중심이 진실함을 원하시오니 내게 지혜를 은밀히 가르치시리이다 우슬초로 나를 정결하게 하소서 내가 정하리이다 나의 죄를 씻어 주소서 내가 눈보다 희리이다 내게 즐겁고 기쁜 소리를 들려주시사 주께서 꺾으신 뼈들도 즐거워하게 하소서 주의 얼굴을 내 죄에서 돌이키시고 내 모든 죄악을 지워 주소서"(시 51:1-9).

하나님은 다윗이 잘못된 길을 가고 있을 때 나단 선지자를 보내어 돌이키게 하셨습니다. 그리고 회개하고 바른길을 가게 하셨습니다. 하나님은 나단 선지자를 지팡이로 사용하셨습니다. 하나님은 하나님의 지팡이로 다윗을 바른길로 인도하셨습니다.

2 하나님은 다윗을 막대기로 보호해 주셨습니다.

다윗은 골리앗에게 나아갈 때 막대기를 가지고 나갔습니다. 그때 하나님은 다윗의 막대기가 되어 주셨습니다. 골리앗은 거구의 몸을 가지고 있었습니다. 골리앗의 키는 여섯 규빗 한 뼘이었습니다. 지금 키로 환산하면 290센티미터가 넘습니다. 그러니 얼마나 큰 거구입니까? 골리앗의 창은 베틀 채와 같이 컸습니다. 그리고 골리앗은 방패로 무장을 하였습니다. 골리앗은 갑옷으로 자신의 모든 신체를 다 막고 있었습니다. 골리앗은 누구도 맞설 수 없는 강력한 장수였습니다. 골리앗의 위협 앞에 사울을 비롯한 이스라엘 군사들은 속수무책이었습니다.

그러나 하나님이 다윗의 막대기가 되어 주셨습니다. 다윗은 만군의 여호와의 이름을 의지하여 골리앗에게 나아갔습니다. 만군의 여호와는 전쟁의 하나님이십니다. 만군의 여호와가 다윗의 막대기가 되셨습니다. 다윗은 단지 막대기와 물매와 돌 다섯 개를 가지고 나아갔습니다. 그리고 다윗은 골리앗을 향하여 물맷돌을 날렸습니다. 다윗이 날린 물맷돌이 골리앗의 이마에 박혔습니다. 난공불락 같은 골리앗이 쓰러졌습니다. 다윗이 승리하였습니다. 이처럼 하나님은 다윗의 막대기가 되어 주셨습니다.

그후 수많은 전쟁터에서도 하나님은 다윗의 막대기가 되어 주셨습니다. 다윗의 막대기이신 하나님은 다윗을 보호해 주셨습니다. 다윗을 승리케 하셨습니다. 이것이 다윗의 막대기가 되어 주신 하나님의 모습입니다.

3 하나님은 지팡이와 막대기로 다윗을 안위하셨습니다.

다윗은 "주의 지팡이와 막대기가 나를 안위하시나이다"라고 했습니다. 하나님은 다윗을 평안케 하셨습니다. 하나님은 다윗을 좋은 길로 인도해 주셨습니다. 그리고 하나님은 다윗을 보호해 주셨습니다. 하나님은 다윗을 이기게 하셨습니다. 그래서 하나님은 다윗에게 평강을 주셨습니다.

이처럼 다윗의 하나님은 능력의 하나님이십니다. 하나님은 다윗을 축복할 때 지팡이로 다윗의 삶을 인도하셨습니다. 하나님은 막대기로 다윗의 삶을 지켜 주셨습니다. 하나님은 축복의 하나님이시고 능력의 하나님이십니다. 하나님은 선한 목자이십니다. 하나님은 지팡이와 막대기로 거친 광야의 삶을 살아가는 다윗을 안위해 주셨습니다.

노아를 통한 안위

하나님은 자기 사람들을 안위해 주시는 분입니다. 라멕은 아들을 낳고 그 이름을 '노아'라고 지었습니다.

> "라멕은 백팔십이 세에 아들을 낳고 이름을 노아라 하여 이르되 여호와께서 땅을 저주하시므로 수고롭게 일하는 우리를 이 아들이 안위하리라 하였더라"(창 5:28-29).

라멕은 하나님의 안위를 바라보며 아들의 이름을 노아라고 지었습니다. 하나님은 노아의 이름 뜻대로 라멕을 안위해 주셨습니다. 하나님은 라멕이 182세에 노아를 낳은 후 777세를 사는 동안 라멕의 삶을 안위해 주셨습니다. 하나님은 노아를 안위하는 자로 삼으셨습니다. 이처럼 하나님은 하나님의 백성들을 지팡이와 막대기로 안위해 주십니다.

예수님은 지팡이와 막대기이시다.

우리 예수님은 우리의 지팡이와 막대기가 되십니다. 막대기와 지팡이는 보잘것없는 것입니다. 그러나 예수님은 우리를 안위하시는 분입니다. 그래서 이사야 선지자가 앞으로 오실 메시아에 대하여 예언하였습니다.

"그는 주 앞에서 자라나기를 연한 순 같고 마른 땅에서 나온 뿌리 같아서 고운 모양도 없고 풍채도 없은즉 우리가 보기에 흠모할 만한 아름다운 것이 없도다"(사 53:2).

이사야 선지자는 앞으로 오실 메시아는 고운 모양도 없고 풍채도 없다고 예언하였습니다.

과연 우리 예수님은 이 세상에 오실 때 왕궁에서 태어나신 것이 아니라 초라한 구유에서 태어나셨습니다. 그리고 예수님은 십자가를 지셨습니다. 십자가는 보잘것없는 것입니다. 예수님은 볼품없는 십자가를 통하여서 우리를 구원하셨습니다. 그 시대의 인간적인 눈으로 보면 십자가는 실패의 십자가입니다. 십자가는 부끄러움의 십자가입니다. 십자가는 고통의 십자가입니다. 십자가는 죽음의 십자가입니다. 이처럼 십자가는 보잘것없는 지팡이와 막대기와 같습니다.

볼품없는 지팡이와 막대기

그러나 하나님은 십자가를 통하여 구원하셨습니다. 하나님은 우리를 거창한 모습으로 구원하신 것이 아닙니다. 하나님은 세상 사람들이 보기에 실패의 모습인 십자가를 통하여 우리를 구원해 주셨습니다. 하나님은 세상 사람들이 보기에 보잘것없는 막대기와 지팡이 같은 십자가를 통하여 우리를 구원해 주셨습니다.

그리고 예수님은 그 보잘것없는 십자가로 우리에게 쉼을 주십니다. 예수님은 십자가로 우리에게 안위를 주고 계십니다. 그래서 우리는 이렇게 노래합니다.

> 예수 십자가에 흘린 피로써 그대는 씻기어 있는가
> 더러운 죄 희게 하는 능력을 그대는 참 의지하는가
> 예수의 보혈로 그대는 씻기어 있는가
> 마음속의 여러 가지 죄악이 깨끗이 씻기어 있는가.

이와 같이 십자가는 우리의 능력이 됩니다. 십자가에서 흘리신 예수님의 보혈은 우리의 모든 죄를 씻어 줍니다. 보혈의 능력은 우리를 공격하는 그 어떤 악한 세력에서도 우리를 보호해 줍니다. 오히려 보혈의 능력은 그 악한 세력을 이기고 정복할 수 있게 합니다.

이처럼 예수님은 보잘것없는 지팡이와 막대기 같은 십자가를 통하여 우리를 보호해 주십니다. 예수님은 지팡이와 막대기같이 볼품

없는 십자가로 우리를 이기게 하십니다. 예수님은 보잘것없는 지팡이와 막대기 같은 십자가로 우리를 안위해 주십니다. 그러므로 예수님은 우리의 지팡이와 막대기가 되십니다.

하나님은 지팡이와 막대기로 우리를 행복하게 하신다.

하나님은 살아 계십니다. 살아 계신 하나님은 축복의 하나님이십니다. 축복의 하나님은 우리를 축복하시되 우리의 눈에는 보잘것없는 지팡이와 막대기로 우리를 지켜 주십니다. 하나님은 그분의 지팡이로 우리를 인도해 주십니다. 하나님은 그분의 막대기로 우리를 보호해 주십니다.

하나님은 그분의 지팡이와 막대기로 우리를 안위해 주시는 분입니다. 하나님은 그분의 지팡이와 막대기로 우리를 행복하게 해주십니다. 하나님의 지팡이와 막대기는 우리의 행복과 어떤 관련이 있을까요?

행복은 하나님의 지팡이와 막대기로 얻는 것이다.

행복은 무엇일까요? 행복은 하나님의 지팡이와 막대기로 얻는 것입니다. 행복은 세상의 화려함으로 얻는 것이 아닙니다. 행복은 세상의 돈이나 권력이나 명예로 얻는 것이 아닙니다. 세상에서 돈이나 권력이나 명예를 가진 자들이 진정으로 행복할까요? 결코 그렇지 않습니다. 우리는 가끔 돈과 명예와 권력을 가지고 있는 자들이 자살하는 것을 봅니다. 이처럼 행복은 세상의 눈에 보이는 화려한 것으로 얻는 것이 아닙니다.

행복은 하나님으로부터 옵니다. 특별히 행복은 하나님의 것으로 얻는 것입니다. 행복은 하나님의 지팡이와 막대기로 얻는 것입니다. 하나님의 지팡이와 막대기는 보잘것없는 것처럼 보입니다. 그러나 하나님의 지팡이와 막대기는 우리에게 행복을 줍니다. 그렇다면 하나님의 지팡이와 막대기는 우리의 행복과 어떤 관련이 있을까요?

❶ 행복은 하나님의 인도를 받는 것이다.

행복은 하나님의 인도를 받는 것입니다. 양은 방향 감각이 없습니다. 양은 가끔 길을 잃어버립니다. 그래서 목자는 양의 곁에서 양을 인도합니다. 목자는 양을 인도할 때 지팡이를 사용합니다. 목자는 양이 잘못된 길을 걸어갈 때 지팡이로 때립니다. 그리고 지팡이로 목을 당겨서 바른길로 걸어가게 합니다.

마찬가지로 하나님은 우리가 이 세상에서 잘못된 길을 걸어갈 때 그것이 잘못된 길이라고 가르쳐 주십니다. 그리고 목자가 지팡이로 양을 치듯이 하나님은 우리를 치십니다. 우리가 잘못된 길을 걸어갈 때 하나님은 가끔씩 우리에게 꿀밤을 먹이십니다. 그것이 바로 사랑의 징계인 것입니다. 하나님은 "거기로 가면 죽어. 거기로 가면 망하는 길이야" 하면서 우리의 잘못된 길을 바로잡아 주십니다. 진정한 행복은 하나님의 인도를 받는 것입니다.

하나님은 여러분이 잘못된 길을 걸어갈 때 바로잡아 주십니다. 그러므로 하나님이 바로잡아 주시는 것을 귀찮게 생각하지 마시기 바랍니다. 하나님은 어두움의 자식들이 사망의 골짜기로 갈지라도 신경 쓰시지 않습니다. 그러나 하나님의 자녀가 잘못된 길을 걸어갈 때에는 그 잘못된 길을 바로잡아 주시는 하나님입니다. 이것이 바로 진정한 행복입니다.

바른길을 가게 하는 성경

그러므로 행복은 잘못된 길을 가지 않을 뿐만 아니라 옳은 길을 걸어가는 것입니다. 하나님은 우리를 말씀으로 바른길로 걸어가게 하시는 분입니다.

> "모든 성경은 하나님의 감동으로 된 것으로 교훈과 책망과 바르게 함과 의로 교육하기에 유익하니"(딤후 3:16).

하나님의 말씀은 우리를 온전한 사람으로 만들어 준다고 했습니다. 여러분, 하나님께서 우리를 온전하게 만드시는 것을 귀찮게 여기지 마시기 바랍니다. 여러분을 행복하게 만들기를 원하시는 하나님의 마음을 느끼시기를 바랍니다. 이처럼 행복은 우리가 하나님의 인도하심을 받을 때 얻는 것입니다.

❷ 행복은 하나님의 보호하심으로 얻는 것이다.

마귀는 우리를 삼키려고 두루 찾고 있습니다. 마귀는 때로 우리를 위협하기도 하고, 우리를 유혹하기도 합니다. 그래서 우리로 하여금 잘못된 길로 걸어가게 합니다. 마귀는 우리가 하나님의 품을 떠나서 세상으로 향하게 합니다. 마귀는 우리를 유혹하고 우리를 공격하여 우리의 삶을 멸망시키려 합니다. 우리는 양과 같아서 우리 힘으로는 도저히 마귀의 공격을 막아낼 수 없습니다.

이럴 때 하나님은 우리를 지켜 주시고 보호해 주십니다. 하나님은 우리를 눈동자와 같이 지켜 주시고 보호해 주십니다. 하나님이 보호해 주시면 마귀는 우리의 머리카락 하나도 해하지 못합니다. 우리는 하나님의 보호하심으로 행복할 수 있습니다. 그러므로 행복은 하나님의 보호하심으로 얻는 것입니다.

사도 바울의 고백

사도 바울은 하나님께서 주신 행복을 이렇게 표현하고 있습니다.

"누가 우리를 그리스도의 사랑에서 끊으리요 환난이나 곤고나 박해나 기근이나 적신이나 위험이나 칼이랴 기록된 바 우리가 종일 주를 위하여 죽임을 당하게 되며 도살당할 양같이 여김을 받았나이다 함과 같으니라 그러나 이 모든 일에 우리를 사랑하시는 이로 말미암아 우리가 넉넉히 이기느니라 내가 확신하노니 사망이나 생명이나 천사들이나 권세자들이나 현재 일이나 장래 일이나 능력이나 높음이나 깊음이나 다른 어떤 피조물이라도 우리를 우리 주 그리스도 예수 안에 있는 하나님의 사랑에서 끊을 수 없으리라"(롬 8:35-39).

이처럼 하나님은 우리를 지켜 주시고 보호해 주십니다. 이러한 하나님의 보호를 받는 것이 진정한 행복입니다. 행복은 우리를 악한 세력의 공격으로부터 지켜 주시는 하나님의 보호를 받는 것입니다. 하나님의 보호 아래서 하나님이 주신 행복을 누리는 여러분이 되시기를 바랍니다.

❸ 행복은 하나님의 안위를 받음으로 얻는 것이다.

다윗은 말했습니다. "주의 지팡이와 막대기가 나를 안위하시나이다." 이것은 하나님의 인도하심과 보호하심으로 얻는 결과입니다. 그것은 바로 하나님이 주시는 평안입니다. 아래의 은혜로운 찬송의 가사는 다윗이 지은 시입니다.

> "나의 영혼이 잠잠히 하나님만 바람이여 나의 구원이 그에게서 나오는도다 오직 그만이 나의 반석이시요 나의 구원이시요 나의 요새이시니 내가 크게 흔들리지 아니하리로다"(시 62:1-2).

하나님께서 다윗을 하나님의 지팡이와 막대기로 안위해 주셨습니다. 그렇기 때문에 다윗은 이런 노래를 하고 있습니다. 다윗은 하나님의 안위를 받았습니다. 하나님의 안위를 받은 다윗은 행복한 자였습니다. 그러므로 행복은 하나님의 안위를 받음으로 얻는 것입니다.

행복은 코치와 같다.

행복은 코치와 같습니다. 코치는 선수를 훌륭하게 훈련시킵니다. 코치는 선수를 잘 훈련하여 좋은 선수로 조련합니다. 코치는 선수가 위험한 일을 당하지 않도록 잘 보호해 줍니다. 코치는 선수를 잘 조련하여 강한 선수로 만듭니다. 그리고 이기게 합니다. 코치는 선수로 하여금 이기게 하여 정상에 오르게 합니다. 그리고 코치는 선수로 하여금 계속적으로 정상에 머무르게 합니다.

행복도 마찬가지입니다. 하나님이 주신 행복은 완벽합니다. 하나님이 주신 행복을 누리는 자는 하나님의 인도를 받습니다. 행복한 자는 하나님의 보호를 받습니다. 그리고 하나님이 주신 행복을 누리는 자는 늘 승리할 뿐만 아니라 하나님의 안위를 누리는 자입니다. 이처럼 행복한 사람은 하나님을 코치로 모시고 사는 행운아입니다.

행복을 누리십시오.

이런 행복이 여러분에게 있기를 바랍니다. 세상은 우리를 흔듭니다. 이 요동치는 세상에서 하나님이 여러분의 지팡이가 되어 주시고, 여러분의 막대기가 되어 주십니다. 그러므로 하나님의 참된 평안, 참된 안위를 누리는 여러분이 되시기를 바랍니다. 다윗은 참으로 파란만장한 삶을 살았습니다. 그러나 하나님이 다윗의 선한 목자로서 지팡이와 막대기로 다윗을 안위해 주셨습니다.

지금 우리를 둘러싸고 있는 환경은 참으로 어둡고 힘듭니다. 이런 광야와 같은 세상을 살아가는 여러분에게 하나님께서 선한 목자가 되어 주십니다. 하나님께서 그분의 지팡이와 막대기로 여러분을 인도하십니다. 하나님이 여러분을 지켜 주십니다. 하나님이 주시는 평안, 하나님이 주시는 안위의 축복을 풍성히 누리는 여러분이 되시기를 주님의 이름으로 축복합니다.

09

주께서 내 원수의 목전에서 내게 상을 차려 주시고

(시 23:5 상)

아프리카 초원의 동물들

TV 프로그램 중 〈동물의 왕국〉이 있습니다. 어느 날 한 프로그램에서 이런 장면을 보았습니다. 아프리카 초원에서 수많은 노루 떼들이 한가로이 풀을 뜯고 있습니다. 우리로 말하자면 식사를 하고 있는 중입니다. 그런데 느닷없이 표범 한 마리가 호시탐탐 사냥감을 노립니다. 그리고 그중에 한 마리를 추격해서 그 노루의 목덜미를 뭅니다. 이 노루는 평원에서 평화롭게 풀을 뜯다가 졸지에 죽음을 당합니다. 표범은 노루를 잡아서 식사를 하게 됩니다.

그런데 표범이 노루를 뜯어 먹을 때 피 냄새가 사방으로 흩어집니다. 한 마리의 사자가 피 냄새를 맡습니다. 피 냄새를 맡은 사자가 어슬렁거리면서 와서 표범이 잡은 노루를 빼앗아 갑니다. 그래서 표범도 제대로 식사를 못합니다. 그런데 사자에게도 문제가 발생합니다.

사자가 그 노루를 먹을 때 주변에 있는 수많은 하이에나들이 달려듭니다. 사자가 아무리 강하지만 여러 마리의 하이에나를 당할 수 없습니다. 사자도 먹는 둥 마는 둥 하고 그 노루를 하이에나들에게 양보할 수밖에 없습니다. 이것이 아프리카 정글의 법칙입니다.

생존경쟁의 세상

이런 생존경쟁은 오늘 우리가 살아가는 세상도 마찬가지입니다. 여러 가지 어두움의 세력들은 우리를 둘러싸고 있습니다. 어두움의 세력은 내 앞에 있는 나의 몫을 빼앗아 가려고 하고 있습니다. 우리는 다른 사람의 몫을 빼앗고 싶은 마음이 없습니다. 우리의 꿈은 소박합니다. 그저 나의 몫을 지키고 싶습니다. 그저 나의 몫을 지키고 다른 사람들과 평화롭게 살고 싶습니다. 그러나 세상은 우리를 그냥 두지 않습니다. 우리는 우리의 평화로운 삶을 위협받고 있습니다. 이럴 때 우리는 어떤 삶을 살아가야 할까요?

상을 차려 주시는 하나님

오늘 본문의 다윗은 시편 23편 5절에서 "주께서 내 원수의 목전에서 내게 상을 차려 주시고"라고 했습니다. 저는 처음에 성경을 볼 때 이 상을 '상줄 賞'으로 생각하였습니다. 그런데 나중에 알고 보니까 '상줄 賞'이 아니라 '평상 床'자, 즉 식탁을 말하는 것입니다. 그리고 새롭게 번역된 성경에는 "주께서 내게 상을 베푸시고"라는 말 대신에 "주께서 내게 상을 차려 주시고"라고 하였습니다. 그러니까 훨씬 더 그 의미가 쉽게 와 닿습니다.

그런데 유대 광야에서 목자들이 양들에게 상을 차려 주는 것은 결코 쉽지가 않습니다. 어렵습니다. 왜냐하면 유대 광야에서 양 떼가 풀을 뜯는 주변에는 맹수들이 있기 때문입니다. 양이 광야에서 풀을 뜯노라면 맹수들은 그 양 떼를 보고 "이게 웬 떡이냐? 이게 웬 양 떼냐?"라고 합니다. 맹수는 양을 위협하고 양을 잡아먹습니다.

유대 광야의 위험

뿐만 아니라 유대 광야에는 강도의 위험이 있습니다. 도둑의 위험이 있습니다. 강도와 도둑 떼가 양을 빼앗아 가기도 합니다. 양을 치는 목자는 24시간 긴장하고 있습니다. 목자는 맹수들이 와서 양을 해치려 할 때 그 위험에서 양을 지켜 줍니다. 그래서 목자는 24시간 한시도 양에게서 눈을 뗄 수 없습니다.

어린 다윗이 형들이 전쟁터에 있을 때 아버지의 심부름으로 먹을 것을 싸서 형들을 방문하였습니다. 그때 다윗의 형 엘리압이 다윗에게 "네 양 떼를 누구에게 맡기고 왔느냐?"라고 책망하였습니다. 그만큼 양을 치는 목자는 잠시라도 양 떼를 떠나면 안 되기 때문입니다. 그래서 엘리압은 다윗을 나무랐던 것입니다.

하란의 목자 야곱

우리가 잘 아는 야곱은 하란으로 가서 외삼촌 라반의 양을 쳤습니다. 야곱은 20년 동안 외삼촌 라반의 양 떼를 돌보았습니다. 그 일을 야곱은 어떻게 회상하고 있습니까?

"물려 찢긴 것은 내가 외삼촌에게로 가져가지 아니하고 낮에 도둑을 맞았든지 밤에 도둑을 맞았든지 외삼촌이 그것을 내 손에서 찾았으므로 내가 스스로 그것을 보충하였으며 내가 이와 같이 낮에는 더위와 밤에는 추위를 무릅쓰고 눈 붙일 겨를도 없이 지냈나이다"(창 31:39-40).

이것이 양을 치는 야곱의 생활 패턴이었습니다. 때로는 맹수들이 와서 양들을 찢어 놓습니다. 혹은 밤낮으로 도둑이 와서 양들을 훔쳐갑니다. 이처럼 유대 광야에서 양들이 한가로이 풀을 뜯는 것은 결코 쉬운 일이 아니었습니다.

그런데 다윗의 하나님 여호와는 원수들이 보는 앞에서 다윗에게 풍성한 상을 베풀어 주시는 분입니다. 하나님은 그 유대 광야에서 원수들이 다윗을 위협할 때 그를 지켜 주셨습니다. 하나님이 그분의 지팡이와 막대기로 무장하고 있을 때 원수들이 다윗을 해치지 못하였습니다.

아프리카 초원 같은 세상

오늘 우리가 살아가고 있는 이 세상은 마치 아프리카의 초원과 같습니다. 오늘 우리는 맹수들의 위협이 도사리고 있는 유대 광야의 한 마리 양과 같은 존재입니다. 우리는 예수를 믿음으로 편안한 삶을 살기 원합니다. 그러나 우리는 여러 가지 형태의 불이익을 당하고 어려움을 겪고 있습니다. 마귀는 여러 가지 방법으로 우리의 몫을 위협합니다. 우리에게 있는 것을 빼앗아 가려고 합니다. 그래서 우리는 정말로 한가로이 우리의 몫을 먹을 수 없는 환경입니다.

오늘 우리가 살아가고 있는 세상은 유대 광야와 같은 환경입니다. 이 세상에는 우리의 몫을 빼앗아 가려는 표범과 사자와 하이에나가 득실대고 있습니다. 우리는 이 세상에서 여러 가지 형태로 위협을 받고 있습니다. 이때 과연 우리는 다윗처럼 주께서 내 원수의 목전에서 내게 상을 차려 주신다고 고백할 수 있을까요?

축복의 하나님

오늘 본문을 보면 다윗의 하나님은 축복의 하나님이십니다. 하나님은 하나님의 자녀들에게 모든 것을 해주기 원하시는 하나님이십니다. 특별히 하나님은 원수들이 보는 앞에서 다윗에게 상을 베풀어 주기를 원하십니다. 이처럼 하나님은 목자의 심정을 가지고 계십니다.

군대를 갔다가 휴가를 나온 아들에게 어머니가 어떤 심정으로 밥상을 차려 줍니까? 어머니는 정성을 다하여 평소에 아들이 좋아하는 음식을 만듭니다. 정성껏 만든 음식을 아들에게 먹이고 싶은 것이 바로 어머니의 심정입니다. 우리 하나님께서도 마찬가지입니다. 하나님은 우리에게 풍성한 식탁을 차려 주기 원하십니다. 그렇기 때문에 다윗은 이렇게 고백하였던 것입니다. 오늘 본문에서 다윗의 하나님은 어떤 하나님일까요?

1 하나님은 다윗의 원수와 싸우시는 분입니다.

다윗은 목동으로서 양들에게 풍성한 풀을 뜯기기 위하여 맹수와 싸울 수밖에 없었습니다. 그래서 다윗은 항상 지팡이와 막대기를 가지고 양을 노리는 맹수와 싸웠던 것입니다. 마찬가지로 다윗의 하나님은 다윗을 위하여 싸워 주시는 하나님이십니다.

"여호와께서 너를 실족하지 아니하게 하시며 너를 지키시는 이가 졸지 아니하시리로다 이스라엘을 지키시는 이는 졸지도 아니하시고 주무시지도 아니하시리로다 여호와는 너를 지키시는 이시라 여호와께서 네 오른쪽에서 네 그늘이 되시나니 낮의 해가 너를 상하게 하지 아니하며 밤의 달도 너를 해치지 아니하리로다 여호와께서 너를 지켜 모든 환난을 면하게 하시며 또 네 영혼을 지키시리로다 여호와께서 너의 출입을 지금부터 영원까지 지키시리로다"(시 121:3-8).

이처럼 하나님은 다윗을 위하여 싸워 주셨습니다. 하나님은 다윗을 위해 싸우시되 조금도 졸거나 주무시지 아니하셨습니다. 다윗을 위하여 밤낮 깨어 계셨습니다. 하나님은 다윗을 위하여 싸우시며 다윗을 지켜 주시고 보호해 주셨습니다.

이스라엘을 위하여 싸우시는 하나님

이처럼 하나님은 이스라엘 백성들을 위하여 싸우시는 분입니다. 여호수아가 기브온 족속을 위하여 가나안의 남부 연합군과 싸울 때였습니다. 그때 하나님은 태양을 머물게 하시면서까지 이스라엘이 승리하게 하셨습니다. 그 싸움에서 이스라엘이 승리할 수 있었던 이유는 무엇일까요?

"여호와께서 사람의 목소리를 들으신 이 같은 날은 전에도 없었고 후에도 없었나니 이는 여호와께서 이스라엘을 위하여 싸우셨음이니라"
(수 10:14).

이처럼 하나님은 이스라엘을 위하여 싸우시는 분입니다. 이스라엘을 위하여 싸우시는 하나님은 다윗을 위하여 싸우시는 분입니다.

2 하나님은 다윗의 원수를 이기시는 분입니다.

다윗은 목동으로서 양을 치기 위하여 사나운 맹수와 싸울 뿐만 아니라 이겼습니다. 다윗은 사울 왕 앞에서 고백하였던 것처럼 사자와 곰이 양 떼를 움키려고 할 때 그 사자와 곰의 입을 찢었습니다. 다윗은 양을 지키기 위하여 사자와 곰과 싸우면서 그 입을 찢었습니다. 다윗은 자기 양을 지키기 위하여 맹수와 싸워 이겼습니다.

그와 마찬가지로 하나님은 다윗이 원수 앞에 섰을 때 다윗을 위해서 싸워 주셨습니다. 그리고 하나님은 이기게 하셨습니다. 우리가 잘 아는 대로 소년 다윗이 골리앗과 싸우러 나갈 때 그 앞에서 다윗은 뭐라고 했습니까? 다윗은 골리앗을 향하여 "너는 창과 칼을 의지하고 나왔지만 나는 만군의 여호와의 이름을 의지하여 나왔다"라고 했습니다. '만군의 여호와'는 '야훼 쯔바우스'입니다. '야훼 쯔바우스'는 '군대의 신'입니다. 만군의 여호와는 전쟁의 하나님이십니다. '야훼 쯔바우스'의 하나님은 다윗과 함께 싸우시고 이기셨습니다.

그래서 다윗이 던진 물맷돌이 골리앗의 이마에 박혔고, 그 물맷돌 한 방에 골리앗은 쓰러졌습니다. 그리고 다윗은 달려가서 골리앗의 칼을 뽑아서 골리앗의 목을 쳤습니다. 다윗은 골리앗을 이기고 승리하였습니다. 이렇게 다윗이 승리할 수 있었던 비결은 무엇입니까? 바로 하나님께서 다윗을 위하여 싸워 주셨기 때문입니다. 야훼 쯔바우스께서 다윗을 위하여 싸워 주셨기 때문에 다윗이 승리할 수 있었던 것입니다.

3 하나님은 원수가 보는 앞에서 다윗에게 상을 차려 주시는 분입니다.

다윗은 훌륭한 목자로서 자기 양 떼를 푸른 풀밭과 쉴 만한 물가로 인도하였습니다. 양들이 배고플 때 푸른 풀밭으로 인도하여 배불리 먹였습니다. 양들이 목마를 때 쉴 만한 물가로 인도하여 물을 마시게 했습니다. 맹수들이 양들을 노릴지라도 지켜 주었습니다. 맹수들이 보는 앞에서 식탁을 준비하였습니다. 다윗은 항상 양들에게 풍성한 식탁을 마련하였습니다.

진설병을 주신 하나님

마찬가지로 하나님은 다윗에게 상을 차려 주셨습니다. 하나님은 다윗이 편안할 때뿐만 아니라 원수들에게 싸여 있을 때에도 상을 차려 주셨습니다. 다윗의 생애를 보면, 다윗은 오랜 세월 사울에게 쫓기는 신세였습니다. 다윗과 그의 일행은 먹을 것이 없어서 허기졌습니다. 그런 다윗을 위하여 하나님은 어떻게 하셨습니까? 하나님은 다윗에게 성막에 있는 진설병을 주셨습니다.

진설병은 제사장과 제사장의 가족만 먹을 수 있는 떡이었습니다. 나중에 사울이 이 사실을 알았습니다. 하나님은 다윗을 살리기 위하여 사울이 보는 앞에서 다윗에게 상을 베풀어 주셨던 것입니다.

그 모습을 볼 때 사울이 얼마나 화가 났을까요? 그래서 사울은 다윗에게 떡을 제공한 제사장과 측근들을 죽였습니다.

하나님은 그렇게까지 하시면서 다윗의 원수 사울 왕 앞에서 상을 베풀어 주셨습니다. 이처럼 하나님은 다윗이 유대 광야와 같은 거친 삶을 살아갈 때 다윗의 원수와 싸우셨습니다. 그 원수를 이기셨습니다. 그리고 그 원수가 보는 앞에서 상을 베풀어 주심으로써 다윗을 축복하셨습니다.

예수님은 하나님의 상(床)이다.

예수님은 하나님의 상이십니다. 예수님은 우리에게 하나님의 상을 베풀어 주시는 분입니다. 예수님의 삶을 보십시오. 예수님은 가버나움의 세관에서 일하고 있는 마태를 부르셨습니다. 예수님이 부르실 때 마태는 그 좋은 직업을 버리고 예수님을 따랐습니다. 예수님은 마태의 집에 들어가서 그들과 함께 먹고 마셨습니다. 그 자리에는 마태와 똑같은 위치에 있는 세리들과 죄인들을 부르셨습니다. 그리고 그들과 함께 식탁을 나누셨습니다.

삭개오도 마찬가지였습니다. 예수님은 여리고의 세리장 삭개오를 부르셨습니다. 내가 오늘 너의 집에 유하여야 되겠다고 하셨습니다. 다른 유대인들은 삭개오의 집에 들어가지 않았습니다. 그러나 예수님은 삭개오의 집에 들어가서 먹고 마셨습니다. 그것은 원수들이 보는 앞에서 상을 베풀어 주시는 예수님의 모습을 보여주신 것입니다. 그러므로 예수님은 하나님의 상이십니다.

하나님은 원수들이 보는 앞에서
우리에게 상을 차려 주시는 분이다.

하나님은 살아 계십니다. 살아 계신 하나님은 우리를 축복하시는 분입니다. 하나님은 우리에게 상을 베푸시되 특별히 원수들이 보는 앞에서 상을 차려 주시는 분입니다.

하나님은 우리의 원수가 누구인지 아십니다. 하나님은 우리의 원수와 싸우시는 분입니다. 하나님은 그 원수와 싸워서 이기시는 분입니다. 그리고 하나님은 그 원수들이 보는 앞에서 우리에게 진수성찬을 차려 주시는 분입니다. 하나님은 그 상을 통하여 우리를 행복하게 만들어 주십니다. 그러면 행복은 무엇일까요?

행복은 상(床)을 통하여
얻는 것이다.

행복은 상을 통하여 얻는 것입니다. 상은 평범한 것입니다. 상은 일상적인 것입니다. 그러나 상은 행복을 줍니다. 상이 없으면 무미건조합니다. 상이 없으면 허전합니다. 상이 없으면 외롭고 삭막합니다. 그러므로 상이 없는 인생은 불행합니다.

그러나 상이 있는 인생은 모든 것이 달라집니다. 상은 따뜻함을 줍니다. 상은 부족을 채워 줍니다. 상은 풍성함을 줍니다. 상은 사랑을 줍니다. 상은 교제를 제공합니다. 그러므로 상은 우리에게 행복을 줍니다. 특히 하나님의 상은 행복과 어떤 관계가 있을까요?

✎ ❶ 행복은 하나님의 교제의 상(床)을 받음으로 얻는 것이다.

유대인에게 있어서 상은 교제를 의미합니다. 옛날 우리나라도 사람들이 한 집에 살지만 신분에 따라 식사하는 장소가 다르고 밥상이 달랐습니다. 여자 하인들은 부엌에서 먹었습니다. 종들은 마당이나 마루에서 먹었습니다. 가족들은 마루나 방에서 먹었습니다. 그리고 집안 어른들은 안방에서 먹었습니다.

온 가족이 안방에서 먹더라도 상이 달랐습니다. 아버지와 아들과 장손이 먹는 상은 따로 차렸습니다. 반찬 내용도 달랐습니다. 이처럼 신분에 따라서 같은 가족이라도 먹는 상이 달랐습니다. 그러므로 한 상에서 먹는 것은 중요한 의미가 있습니다.

다윗이 베푼 상(床)

유대인들도 마찬가지입니다. 유대인들이 한 상에서 먹는 것은 곧 교제를 의미하는 것입니다. 같은 상에서 먹는다는 것은 같은 레벨에 있다는 것입니다. 다윗은 왕이 되고 난 후에 사울의 집안에 은혜를 베풀기 원하였습니다. 그래서 사울 집안에 남아 있는 자를 찾았습니다.

그것은 사울의 집안에 남아 있는 왕족의 씨를 말리기 위함이 아니었습니다. 은혜를 베풀기 위함이었습니다. 그래서 찾은 자가 그의 사랑하는 친구 요나단의 아들 므비보셋이었습니다. 므비보셋은 전쟁 중에 도망가다가 유모가 떨어뜨려서 다리를 다쳤습니다. 므비보셋이 다윗 앞에 나아갈 때 무서워서 벌벌 떨었습니다. 므비보셋은 다윗이 사울 왕의 손자인 자신을 죽이려는 줄 알았습니다.

그러나 다윗은 그 므비보셋을 안아 주었습니다. 므비보셋은 절름

발이였기 때문에 왕과 함께 식탁을 나눌 수가 없었습니다. 그럼에도 불구하고 다윗은 므비보셋을 식탁에 초대하였습니다. 다윗은 하나님의 사랑으로 자기 식탁에서 먹게 하였습니다. 다윗은 요나단과 맺은 언약으로 므비보셋을 자기 식탁에서 먹게 하였습니다. 므비보셋을 자신의 왕자들과 함께 자기 식탁에서 먹게 하였습니다. 다윗은 므비보셋을 다른 신하들이 보는 앞에서 왕자로 대우하였습니다. 곧 교제를 의미하는 것입니다.

교제의 상(床)

하나님은 우리에게 상을 베푸시는 분입니다. 우리에게 상을 베푸시는 하나님은 우리와 교제를 나누기를 원하시는 분입니다.

"볼지어다 내가 문 밖에 서서 두드리노니 누구든지 내 음성을 듣고 문을 열면 내가 그에게도 들어가 그와 더불어 먹고 그는 나와 더불어 먹으리라"(계 3:20).

하나님은 우리와 함께 식탁을 나누기를 원하시는 분입니다. 하나님은 오늘도 말씀의 식탁을 배설하셨습니다. 하나님은 우리 한 사람 한 사람을 초청하셨습니다. 하나님은 우리와 함께 교제의 상을 나누기를 원하십니다. 이처럼 참된 행복은 하나님의 교제의 상을 통하여 얻는 것입니다.

하나님은 오늘 이 예배에 우리를 초대하셨습니다. 예배는 우리가 하나님과 교제하는 시간입니다. 우리가 하나님과 교제하는 예배 시간은 그 어느 시간보다 행복한 시간입니다. 이처럼 참된 행복은 하나님과의 교제를 통하여 얻는 것입니다.

❷ 행복은 하나님의 보호의 상(床)을 받음으로 얻는 것이다.

유대 광야에는 풀이 있다 할지라도 맹수가 있으면 양이 마음대로 풀을 뜯을 수가 없습니다. 아프리카의 산양에게 초원이 있을지라도 맹수가 있다면 언제 맹수의 밥이 될지 모릅니다. 마찬가지로 우리 앞에 풍성한 식탁이 있을지라도 하나님이 우리를 보호해 주시지 아니하면 그 식탁은 의미가 없습니다. 그러나 하나님은 우리에게 상을 베푸실 때 우리를 보호하시고 우리의 상을 보호해 주시는 분입니다. 하나님의 보호의 식탁을 대하는 사람은 행복한 사람이 되는 것입니다.

> "오직 너희를 위하여 보물을 하늘에 쌓아 두라 거기는 좀이나 동록이 해하지 못하며 도둑이 구멍을 뚫지도 못하고 도둑질도 못하느니라"(마 6:20).

이처럼 하나님은 우리의 것을 빼앗기지 않도록 우리를 지켜 주시는 분입니다. 하나님은 그분의 손길을 통하여 우리를 지켜 주십니다. 하나님은 우리의 분깃을 빼앗기지 않도록 지켜 주시고 보호해 주시는 분입니다. 하나님의 보호하심이 있을 때 우리는 행복한 사람이 될 수 있습니다. 이처럼 행복은 하나님의 보호의 상을 통하여 얻는 것입니다.

❸ 행복은 하나님의 승리의 상(床)을 받음으로 얻는 것이다.

목자가 맹수들이 보는 앞에서 양에게 풀을 뜯기는 것은 그 맹수들을 이겼다는 것입니다. 하나님께서 우리에게 원수들이 보는 앞에서 상을 베푸시는 것은 하나님께서 우리에게 승리를 주셨다는 것입니다.

하나님은 다윗에게 승리의 상을 베푸셨습니다. 사울을 비롯하여 다윗을 죽이려는 자들이 수없이 많았습니다. 그런데 하나님은 다윗에게 승리를 주셨습니다. 하나님은 다윗에게 왕위를 주셨습니다. 하나님은 정적들이 보는 앞에서 다윗에게 승리의 상을 베풀어 주셨습니다.

하나님의 승리를 통하여 얻는 행복

하나님은 우리에게 승리를 주십니다. 우리는 하나님의 승리로 행복을 누리는 자입니다. 우리의 행복은 아브라함의 승리에서 찾을 수 있습니다. 아브라함은 조카 롯이 포로로 붙잡혀 갔다는 소식을 듣고 뒤따라가 롯을 구하였습니다. 아브라함은 그 전쟁에서 승리하였습니다. 아브라함의 승리의 비결이 무엇일까요?

"그가 아브람에게 축복하여 이르되 천지의 주재이시요 지극히 높으신 하나님이여 아브람에게 복을 주옵소서 너희 대적을 네 손에 붙이신 지극히 높으신 하나님을 찬송할지로다 하매 아브람이 그 얻은 것에서 십분의 일을 멜기세덱에게 주었더라"(창 14:19-20).

아브라함이 승리하고 돌아왔을 때 멜기세덱이 아브라함을 맞이하였습니다. 멜기세덱은 아브라함의 승리의 비결을 알려 주었습니다. 아브라함이 승리할 수 있었던 것은 하나님께서 이기게 하셨기 때문입니다. 아브라함을 이기게 하신 하나님은 우리도 이기게 하시는 분입니다. 그러므로 우리는 하나님이 주신 승리로 행복을 누릴 수 있습니다.

부자와 나사로

부자와 나사로의 이야기를 잘 알고 있지 않습니까? 부자는 호의호식하며 날마다 연회를 베풀었습니다. 반면에 거지 나사로는 부자의 상에서 떨어지는 부스러기로 연명하였습니다. 세월이 지난 후 거지 나사로도 죽고 부자도 죽었습니다. 그런데 부자는 지옥에 떨어졌습니다. 반면에 나사로는 아브라함의 품에 안겼습니다. 지옥에 떨어진 부자는 아브라함의 품에 안겨 있는 나사로를 바라보았습니다.

나사로가 아브라함의 품에 안겨 있는 것은 하나님의 상을 받은 것입니다. 나사로가 받은 상은 부자가 세상에서 잔치를 베풀며 배설한 그 어떤 상보다 풍성한 상이었습니다. 나사로가 아브라함의 품에 안겨 있는 모습은 원수 앞에서 상을 베푸시는 하나님의 모습입니다.

성도들의 삶

우리는 예수를 믿으므로 세상 사람들로부터 비웃음을 사고 있습니다. 세상 사람들은 우리를 어리석다고 생각합니다. 우리가 잘못된 길을 가고 있다고 생각합니다. 믿음의 길을 가는 우리를 한심하다고 생각합니다. 세상 사람들은 우리가 재미없는 세상을 살고 있다고 비웃고 있습니다. 예수 믿는 사람은 궁상을 떨고 있다고 생각합니다. 심지어 우리는 핍박을 당하고 있습니다. 역사적으로 신앙 때문에 많은 분들이 핍박을 당하고 순교까지 당하였습니다.

우리가 받을 상(床)

그러나 하나님은 우리를 저 천국으로 인도하실 때 우리를 무시하고 비웃고 핍박하던 자들 앞에서 우리에게 상을 베푸실 것입니다. 우리를 비웃던 자들은 지옥에서 우리가 하나님의 품에 안겨 있는 모습을 보게 될 것입니다. 우리를 핍박하던 자들은 하나님께서 우리에게 상을 베푸시는 모습을 보게 될 것입니다. 우리는 궁극적으로 승리할 것입니다.

하나님은 천국에서 복을 베풀어 주실 것입니다. 뿐만 아니라 하나님은 이 땅에서 하나님의 자녀들에게 상을 베풀어 주시는 분입니다. 그래서 우리가 세상 사람들로부터 무시당한다 할지라도 우리는 상을 받게 될 것입니다. 원수들로부터 비웃음을 당한다 할지라도 하나님께서 우리와 함께하셔서 우리를 이 땅에서 잘되게 하실 것입니다.

우리의 하나님은 궁극적으로 우리를 이기게 하실 것입니다. 우리는 주님의 승리에 동참할 것입니다.

"볼지어다 그가 구름을 타고 오시리라 각 사람의 눈이 그를 보겠고 그를 찌른 자들도 볼 것이요 땅에 있는 모든 족속이 그로 말미암아 애곡하리니 그러하리라 아멘"(계 1:7).

우리 주님은 이 땅에서 찔림을 받았지만 승리하셨습니다. 주님은 영광 중에 다시 오실 것입니다. 주님이 다시 오실 때 주님을 찌른 자들이 볼 것입니다. 주님을 찌른 자들이 재림의 주님을 본다는 것은 주님의 승리입니다. 주님의 승리는 우리의 승리입니다. 우리는 주님과 함께 승리를 누릴 것입니다.

행복은 챔피언과 같다.

행복은 챔피언과 같습니다. 챔피언은 저절로 되는 것이 아닙니다. 챔피언은 많은 상대 선수와 싸워야 합니다. 그리고 상대 선수를 이겨야 합니다. 승리한 챔피언에게는 명예가 주어집니다. 챔피언에게는 풍성함이 주어집니다. 챔피언에게는 교제를 원하는 친구들이 많이 생깁니다. 챔피언에게 주어지는 특권은 이루 말할 수 없습니다.

행복도 마찬가지입니다. 행복은 평온을 누리기 전에 어두움의 세력의 위협이 있습니다. 그러나 하나님이 주시는 참된 행복은 반드시 승리합니다. 행복에는 하나님과의 교제와 성도들과의 깊은 교제가 있습니다. 하나님이 주시는 행복에는 풍성함이 있습니다. 그러므로 행복은 챔피언과 같습니다.

하나님의 상을 받으십시오.

이 다윗이 받은 복을 여러분도 받으시기 바랍니다. 다윗처럼 하나님의 말씀대로 살아감으로 하나님의 축복을 받으시기 바랍니다. 하나님께서 상을 베푸실 것입니다. 특히 여러분의 원수들이 하나님께서 여러분에게 상을 베푸시는 모습을 보게 될 것입니다.

여러분에게 아픔을 주는 자들이 여러분의 모습을 보고 역시 예수 믿는 사람은 다르다는 것을 인정하게 될 것입니다. 그들은 예수 믿는 사람들이 복 받는다는 것을 인정할 수밖에 없을 것입니다. 그들도 여러분이 받는 하나님의 상을 받는 인생이 되기를 바랍니다. 이 귀한 복이 여러분에게 넘치기를 주님의 이름으로 축복합니다.

10

기름을 내 머리에 부으셨으니
내 잔이 넘치나이다

(시 23:5 하)

부족한 시대

지금 세계는 모든 것이 부족한 시대를 맞이하고 있습니다. 자원의 고갈 시대를 맞이하고 있습니다. 식량이 부족하고, 물이 부족하고, 석유가 고갈되고 있습니다. 지하자원이 점점 줄어들고 있습니다. 그리고 정신적으로 삭막한 시대입니다. 과거와 달리 인정이 메마른 시대입니다. 감성이 죽어 가고 있습니다. 사랑이 부족한 시대입니다.

무엇보다도 이 시대는 하나님을 모르는 시대입니다. 하나님을 아는 지식이 메말라 가고 있습니다. 옛날 호세아 선지자는 그 시대의 이스라엘 백성들을 향하여 "우리가 여호와를 알자. 힘써 여호와를 알자"라고 부르짖었습니다. 호세아 선지자가 탄식한 것처럼 이 시대는 하나님을 알지 못하는 시대입니다. 따라서 우리는 영적으로 메마르고 곤핍한 시대를 살아가고 있습니다.

다윗의 고백

다윗은 먼저 "여호와는 나의 목자시니 내게 부족함이 없으리로다"라고 노래하였습니다. 그리고 본문 말씀 5절 하반절 말씀을 보면 "기름을 내 머리에 부으셨으니 내 잔이 넘치나이다"라고 했습니다. 기름을 머리에 부었다는 것은 특별한 의미를 지니고 있습니다.

유대 광야에 있는 양들은 항상 맹수로 인하여 두려운 마음을 가지고 있습니다. 맹수가 오면 양들은 고개를 들어서 목자를 쳐다봅니다. 목자가 옆에 있으면 양들은 덜 두려워합니다. 목자가 없으면 양은 완전히 공황상태에 빠집니다. 그래서 목자가 없는 양들은 두려워할 수밖에 없습니다.

기름을 바르는 목자

또 어떤 경우에는 목자가 있음에도 불구하고 두려워하는 양이 있습니다. 그때 목자가 양에게 다가가서 양의 머리와 목덜미를 쓰다듬습니다. 그런데 양이 거칠면 목자가 양을 쓰다듬을 때 양털이 상할 수가 있습니다. 그렇기 때문에 유대의 목자들은 항상 뿔에 올리브 기름을 가지고 다니면서 양의 머리와 목덜미에 기름을 발라 주었습니다.

그러면 양은 목자가 발라 주는 기름으로 인하여 목자의 보호를 느끼게 됩니다. 맹수가 옆에서 자기를 노리고 있을지라도 양은 편안한 마음을 가집니다. 다윗 역시 뿔에 기름을 가지고 다니면서 양들의 머리에 기름을 발라 주며 쓰다듬어 주곤 했습니다. 다윗은 양의 머리에 기름을 발라 주어 양을 안심시켰습니다. 다윗은 이런 경험이 있었기에 주께서 내 머리에 기름을 바르셨다고 노래하고 있습니다.

그리고 다윗은 "내 잔이 넘치나이다"라고 노래하고 있습니다. 유대인들에게 있어서 잔이 넘치는 것은 굉장히 중요한 의미가 있습니다. 유대인들은 여행 중에 나그네가 찾아오면 잘 영접합니다. 팔레스타인은 물이 귀하기 때문에 주인은 나그네를 영접할 때 물로 발을 씻겨 줍니다. 그리고 찾아온 손님에게 포도주를 가득 부어 주었습니다. 그것은 그 사람을 진정으로 환영하고 또 그 사람을 진정으로 존경하고 사랑한다는 의미입니다.

다윗의 넘치는 잔

다윗은 하나님을 찬양할 때 "여호와께서 내 머리에 기름을 바르셨으니 내 잔이 넘치나이다"라고 노래하고 있습니다. 과연 우리는 이 세상을 살아가면서 이런 노래를 하고 있는지요? 사실 우리 인생의 잔은 비어 있습니다. 혹은 우리 인생의 잔은 나쁜 것으로 가득 차 있습니다. 우리의 잔에는 성한 것이 없습니다. 우리의 잔에는 죄와 욕심과 불평으로 가득 차 있는 것이 오늘 우리의 현실입니다. 그러므로 우리는 다윗처럼 "여호와께서 내 머리에 기름을 바르셨으니 내 잔이 넘치나이다"라고 노래할 수 있어야 합니다.

축복의 하나님

오늘 본문에 나타난 다윗의 하나님은 다윗을 축복하는 하나님이십니다. 하나님은 자기 백성들이 어떤 상황에 있는가를 아십니다. 하나님은 자기 백성들의 잔이 비어 있는 것을 아십니다. 하나님은 자기 백성의 빈 잔을 채워 줌으로써 자기 백성들을 행복하게 해주기 원하시는 분입니다. 하나님은 우리가 가난했던 시절에 자식의 입에 음식을 넣어 주는 부모의 심정을 가지고 있습니다. 오늘 본문에서 다윗은 "여호와께서 내 머리에 기름을 바르셨으니 내 잔이 넘치나이다"라고 노래하였습니다.

다윗이 이렇게 노래하는 것은 자신의 경험에서 나온 것입니다. 다윗은 선한 목자로서 양의 머리에 기름을 발라 주곤 했습니다. 다윗은 양들이 필요한 것을 풍성하게 공급해 주었습니다. 다윗은 자신이 선한 목자로서 양에게 필요한 것을 공급해 준 것같이 하나님께서 자신에게 공급해 주심을 경험하였습니다. 다윗은 여호와 하나님께서 자신에게 기름을 부으시고 자신의 잔을 넘치게 하신 것을 경험하였습니다. 그래서 다윗이 이렇게 고백하는 것입니다. 그러면 다윗의 하나님은 어떤 분일까요?

1 하나님은 다윗에게 기름을 부어 주셨습니다.

다윗은 하나님으로부터 기름 부음을 받았습니다. 하나님은 다윗을 왕으로 세우기 위하여 기름을 부으셨습니다. 참으로 재미있는 것은 다른 왕이나 제사장이나 선지자는 한 번의 기름 부음을 받았습니다. 그런데 다윗은 하나님으로부터 세 번 기름 부음을 받았습니다.

첫 번째로 사무엘이 은밀하게 집에 와서 여덟 형제 가운데 다윗에게 기름을 부었습니다. 당시 사울이 이스라엘의 왕으로 있었음에도 불구하고 하나님은 은밀하게 다윗에게 기름을 부으셨습니다. 사무엘이 다윗에게 기름을 부었다는 것은 지금 사울이 왕이지만 앞으로 다윗을 왕으로 세우겠다는 하나님의 약속이었습니다. 그것이 사무엘상 16장에 기록되었습니다.

그리고 사무엘하 2장을 보면 사울이 죽은 후에 사무엘은 다시 다윗에게 유다의 왕으로 기름을 붓습니다. 사울이 죽었지만 사울을 따르는 자들이 있었기 때문에 다윗은 이스라엘 전체의 왕이 되지 못하였습니다. 두 번째 기름 부음으로 다윗은 유다의 왕이 되었습니다.

세 번 기름 부음을 받은 다윗

그리고 사무엘하 5장을 보면 다윗은 세 번째 기름 부음을 받습니다. 이때의 기름 부음은 다윗이 온 이스라엘의 왕이 되었다는 선언입니다. 다윗은 온 이스라엘의 왕으로서 세 번째 기름 부음을 받습니다. 하나님은 다윗에게 세 번이나 기름 부음을 허락하셨습니다. 이처럼 하나님은 다윗과 함께하셨습니다. 하나님은 다윗을 그때그때마다 축복하셨습니다. 하나님은 다윗의 인생의 중요한 순간마다 때를 맞추어 기름을 부으셨습니다.

하나님께서 다윗에게 중요한 순간마다 기름을 부으신 것은 특별한 의미가 있습니다. 기름을 부으신 것은 내가 너를 택했다, 내가 너를 세웠다, 내가 너를 사용하겠다, 내가 너를 통하여 나의 뜻을 이루겠다, 내가 너와 함께하겠다, 내가 너를 책임지겠다, 내가 너를 복되게 하겠다는 것입니다. 이처럼 하나님은 다윗에게 기름을 부으셨습니다.

성령을 주시는 하나님

하나님은 우리에게 성령을 주시는 분입니다. 예수님은 제자들에게 기도에 대한 비유의 말씀을 주셨습니다. 어떤 사람에게 밤에 여행 중에 있는 친구가 찾아왔습니다. 그 사람은 여행자 친구를 대접하고 싶었지만 떡이 없습니다. 그 사람은 옆집 친구에게 가서 대접할 떡을 간청하였습니다. 옆집 친구는 벗 됨보다 간청하는 것 때문에 떡을 빌려 주었습니다.

예수님은 그 당시 흔히 있는 일을 비유로 사용하여 하나님이 간청하는 기도에 응답하신다는 교훈을 주셨습니다. 더 나아가서 예수님은 아들의 요구를 받아 주는 부모의 심정을 표현하면서 더 좋은 것으로 응답하시는 하나님의 심정을 표현하였습니다.

"너희가 악할지라도 좋은 것을 자식에게 줄 줄 알거든 하물며 너희 아버지께서 구하는 자에게 성령을 주시지 않겠느냐 하시니라"(눅 11:13).

하나님은 떡을 구하는 자에게 성령을 주시는 분입니다. 하나님은 우리가 구하는 것보다 훨씬 좋은 것을 주시는 분입니다. 이처럼 하나님은 우리에게 좋은 것, 성령을 주시는 분입니다.

2 하나님은 다윗의 머리를 존귀하게 하셨습니다.

목자는 양들의 머리에 기름을 부어 주었습니다. 하나님은 당신의 사랑하는 양인 다윗의 머리에 기름을 부어 주셨습니다. 하나님은 존귀하신 분입니다. 존귀하신 하나님이 다윗에게 기름을 부어 주심으로 다윗을 존귀하게 하셨습니다.

머리에서 흐르는 기름

머리에 기름을 붓는 것은 온몸에 기름을 붓는 것과 같습니다.

> "보라 형제가 연합하여 동거함이 어찌 그리 선하고 아름다운고 머리에 있는 보배로운 기름이 수염 곧 아론의 수염에 흘러서 그의 옷깃까지 내림 같고 헐몬의 이슬이 시온의 산들에 내림 같도다 거기서 여호와께서 복을 명령하셨나니 곧 영생이로다"(시 133:1-3).

이처럼 머리에 기름을 부으면 기름이 얼굴에 흘러내립니다. 그리고 그 기름이 수염을 타고 흘러내려서 온몸을 적시게 됩니다. 그러면 그 기름은 온몸을 존귀하게 해줍니다. 이처럼 하나님은 다윗의 머리에 기름을 부으셔서 다윗을 존귀하게 하셨습니다.

하나님은 다윗에게 그때그때마다 기름을 부어 주셨습니다. 하나님은 다윗을 위협하는 원수들 앞에서 다윗과 함께하심을 보여주셨습니다. 하나님은 다윗의 불안하고 두려운 마음을 잠재워 주셨습니다. 오히려 하나님은 다윗을 존귀하게 하셨습니다.

사울이 죽은 후에도 사울을 따르던 수많은 정치적인 세력들이 있었기 때문에 하나님께서는 그때그때마다 다윗에게 기름을 부어서 다윗을 존귀하게 하셨습니다. 하나님께서 다윗에게 기름을 부어 존귀하게 하시자 그 누구도 다윗의 권위에 도전하지 못하였습니다. 이처럼 하나님은 다윗의 머리에 기름을 부으셔서 다윗을 존귀하게 하셨습니다.

3 하나님은 다윗에게 기름을 부으시고 다윗의 잔을 넘치게 하셨습니다.

하나님이 다윗에게 기름을 붓기 전에는 다윗의 잔이 빈 잔이었습니다. 다윗은 베들레헴 들녘에서 양을 치는 목동에 지나지 않았습니다. 다윗은 대접을 받지 못하고 있었습니다. 다윗은 아버지와 형들에게 무시당하는 삶을 살고 있었습니다. 이처럼 다윗의 인생의 잔은 빈 잔과 같았습니다.

그런데 하나님이 기름을 다윗의 인생의 잔에 가득 채워 주셨습니다. 그러므로 다윗은 이스라엘의 왕이 되었습니다. 다윗은 나라를 부강하게 하였습니다. 다윗은 온 백성들의 삶을 풍성하게 채워 주는 복의 근원이 되었습니다. 이처럼 하나님은 다윗의 잔을 가득 넘치도록 채워 주셨습니다.

엘리사 제자의 아내

어느 날 엘리사 선지자는 사정이 딱한 소식을 들었습니다. 엘리사의 제자 중에 하나가 죽었다는 것입니다. 제자에게는 아내와 두 아들이 있었습니다. 가난했던 제자는 죽으면서 가족들에게 재산을 남기기는커녕 큰 빚을 남겼습니다. 채권자는 제자의 아내에게 와서 빚을 갚을 능력이 없으면 두 아들을 종으로 내놓아야 할 것이라고 하였습니다.

이 소식을 들은 엘리사는 제자의 아내를 불렀습니다. 엘리사는 제자의 집에 단지 기름 한 그릇뿐인 것을 확인하였습니다. 엘리사는 이

웃에게 가서 빈 그릇을 빌릴 수 있는 만큼 빌리게 하였습니다. 그리고 두 아들과 함께 빌려온 그릇에 기름을 붓게 하였습니다. 그 기름은 계속 부어졌고 빌려온 그릇들을 가득 채우게 되었습니다. 엘리사는 그 기름을 팔아 빚을 갚고 남은 것으로 두 아들과 함께 생활하게 하였습니다.

하나님은 그 여인의 빈 그릇에 기름을 부으셨습니다. 그 기름이 그릇에 부족하지 않고 넘치게 하였습니다. 하나님은 기름 부으심으로 부족하지 않고 넘치게 하셨습니다. 이처럼 하나님은 자기 사람들에게 기름을 부으시고 넘치게 하시는 분입니다.

🍃 예수님은 채우시는 분이다.

예수님은 우리의 잔을 채워 주시는 분입니다. 예수님이 이 세상에 오셔서 갈릴리 바다에서 고기를 잡는 베드로와 요한과 안드레를 찾아가셨습니다. 그들은 밤새도록 그물을 던졌지만 고기를 한 마리도 잡지 못하였습니다. 그들은 밤새도록 수고하였지만 그들의 배와 그물은 텅 비어 있었습니다.

그런데 예수님께서 그들에게 깊은 데로 가서 그물을 던지라고 하셨습니다. 그들이 예수님의 말씀대로 깊은 데에 그물을 던지자 많은 고기가 잡혔습니다. 이와 같이 예수님은 그들의 빈 그물을 채워 주시고 그들의 빈 배를 채워 주시는 분입니다.

성령을 주시는 예수님

예수님은 제자들에게 성령을 부어 주시는 분입니다.

"명절 끝 날 곧 큰 날에 예수께서 서서 외쳐 이르시되 누구든지 목마르거든 내게로 와서 마시라 나를 믿는 자는 성경에 이름과 같이 그 배에서 생수의 강이 흘러나오리라 하시니 이는 그를 믿는 자들이 받을 성령을 가리켜 말씀하신 것이라"(요 7:37-39).

이처럼 예수님은 제자들의 빈 잔을 채워 주시는 분입니다. 예수님은 제자들의 빈 잔에 성령을 부어 주셨습니다.

예수님의 보혈

더 나아가서 예수님은 마지막 유월절 만찬을 마가의 다락방에서 제자들과 가질 때 떡을 떼어 주셨습니다. 그리고 식후에 잔을 주시면서 그 잔에 포도주를 가득 부어 주셨습니다. 예수님은 그것을 제자들에게 주시면서 "이것은 내가 너희를 위하여 흘리는 피"라고 하셨습니다. 예수님은 제자들을 위하여 그들의 빈 잔에 주님의 피를 상징하는 포도주를 가득 채워 주셨습니다.

제자들은 그 포도주를 마실 때 하나님이 세우신 새 언약에 동참할 수 있었습니다. 그래서 제자들은 예수님의 보혈의 피로 인하여 그들의 죄를 사함 받고 하나님의 자녀가 되었습니다. 제자들은 그 보혈의 능력으로 인하여 사도행전의 삶을 살 수 있었습니다. 이처럼 예수님은 우리의 잔을 채워 주시는 분입니다.

> 하나님은 기름을 내 머리에 부으셔서
> 나의 잔을 넘치게 하시는 분이다.

하나님은 살아 계십니다. 살아 계신 하나님은 우리를 축복하시는 하나님이십니다. 특별히 하나님은 우리의 빈 잔을 채워 주심으로 우리에게 복을 주시는 분입니다. 하나님은 자기 것으로 우리의 머리에 부으십니다. 하나님은 자기 것으로 우리의 온몸을 충만하게 하십니다. 하나님은 자기 것으로 우리의 빈 잔을 넘치게 하시는 분입니다. 그리고 하나님은 우리를 축복하시고 우리를 행복한 사람으로 만들어 주시기 원하시는 분입니다. 그러면 행복은 무엇일까요?

> 행복은
> 채우는 것이다.

행복은 채우는 것입니다. 비어 있으면 부족한 것입니다. 비어 있으면 공허합니다. 비어 있으면 허전합니다. 그러므로 비어 있는 것은 불행입니다. 그러나 채워져 있으면 풍족합니다. 채워져 있으면 넉넉합니다. 채워져 있으면 만족합니다. 그러므로 행복은 채우는 것입니다. 더 구체적으로 채워지는 행복은 무엇일까요?

❶ 행복은 빈 잔을 채우는 것이다.

채움 받지 못한 것, 비어 있는 것은 결코 행복이 아닙니다. 하나님이 세상을 창조하시기 전에는 비어 있었습니다. 그래서 혼돈하고 공허하였습니다. 갈릴리 바다에서 고기 잡는 어부들의 배와 그물은 비어 있었습니다. 비어 있으므로 피곤하고 공허하였습니다. 이처럼 비어 있는 것은 행복이 아니라 불행입니다.

행복은 가득 차 있는 것입니다. 가득 차 있는 것은 풍요로움이 있습니다. 여유가 있습니다. 평안함이 있습니다. 하나님은 아무것도 없는 세상에 하나님이 만드신 피조물로 가득 채워 주셨습니다. 예수님은 갈릴리 어부들의 빈 배에 고기로 가득 채워 주셨습니다. 하나님은 채움으로 행복을 주셨습니다. 이처럼 행복은 채움으로 얻는 것입니다. 우리는 채울 때 행복해질 수 있습니다.

빈 잔을 하나님께

더 구체적으로 행복은 나의 빈 잔을 하나님께 드림으로 시작되는 것입니다. 우리가 하나님께 채움을 받으려면 나의 잔을 비워야 합니다. 내가 빈 잔임을 인정해야 합니다. 그리고 나의 빈 잔을 하나님께 내밀어야 합니다. 그럴 때 우리의 행복이 시작되는 것입니다. 이처럼 우리가 나의 잔이 빈 잔임을 고백하고, 나의 빈 잔을 하나님께 올려 드릴 때 진정한 행복이 시작되는 것입니다. 우리가 즐겨 부르는 찬송이 있습니다.

우물가의 여인처럼 난 구했네
헛되고 헛된 것들을
그때 주님 하신 말씀 내 샘에 와
생수를 마셔라 오 주님 채우소서

나의 잔을 높이 듭니다
하늘 영광 내게 채워 주소서
넘치도록 채워 주소서.

행복은 비어 있는 것을 인정하고 내 잔을 하나님께 내밀 때 시작되는 것입니다. 행복은 채우는 것이기 때문입니다.

❷ **행복은 나의 잔에 하나님의 것으로 채우는 것이다.**

행복은 단순히 빈 잔을 채우는 것이 아닙니다. 행복은 하나님의 것으로 채우는 것입니다. 워래 우리의 잔은 비어 있던 것이 아니라 채워져 있었습니다. 우리 안에는 온갖 더러운 것이 채워져 있었습니다. 우리 안에는 욕심이 가득 차 있었습니다. 미움이 가득 차 있었습니다. 죄가 가득 차 있었습니다. 이런 것이 가득 차 있으면 불행합니다.

행복은 나의 잔에 하나님의 것을 채우는 것입니다. 선한 목자는 양의 머리에 기름을 붓습니다. 이 기름은 성경에서 성령을 의미합니다. 주님은 마지막 유월절 만찬 때 포도주를 부어 채워 주셨습니다. 그 포도주는 주님의 보혈을 의미합니다. 행복은 하나님의 것으로 채우는 것입니다. 성령은 하나님입니다. 포도주는 하나님의 것입니다. 그러므로 성령으로 기름 부음을 받고 예수 그리스도의 보혈의 능력으로 채울 때 진정한 행복이 이루어지는 것입니다.

🍃 **하나님의 것으로 채우라.**

여러분의 잔에 담겨 있는 더러운 것을 다 비우시기 바랍니다. 그리고 세상의 것으로 채우려 하지 마십시오. 세상의 것은 아무리 채워도 행복할 수 없습니다. 세상의 것은 아무리 채워도 만족이 없습니다. 세상의 것으로 채우려고 하는 헛된 행복을 추구하지 마시기 바랍니다.

여러분의 잔에 하나님의 것을 채우십시오. 하나님이 부어 주시는 기름을 채우십시오. 주님의 보혈의 능력으로 채우십시오. 하늘의 신령한 것으로 여러분의 인생의 잔을 가득 채우시기 바랍니다. 그래서 하나님이 채워 주시는 것으로 행복을 추구하시기 바랍니다.

"너희는 먼저 그의 나라와 그의 의를 구하라." 하나님의 나라와 하나님의 의를 구하시기 바랍니다. 하나님의 나라와 의를 구하면 하나님이 하나님의 의를 주실 뿐만 아니라 우리의 의식주에 필요한 모든 것을 겸하여 주실 것입니다. 그러므로 이 세상의 것으로 인하여 염려하지 말고 하나님의 것으로 채움 받는 여러분이 되시기를 바랍니다. 진정한 행복은 하나님의 것으로 채움 받을 때 얻는 것입니다.

비우고 채우라.

행복은 비우고 채우는 것입니다. 행복을 위하여 먼저 비워야 합니다. 행복을 위하여 무엇을 비워야 할까요? 우리가 버려야 할 것은 육체의 소욕입니다.

"육체의 일은 분명하니 곧 음행과 더러운 것과 호색과 우상숭배와 주술과 원수 맺는 것과 분쟁과 시기와 분냄과 당 짓는 것과 분열함과 이단과 투기와 술 취함과 방탕함과 또 그와 같은 것들이라 전에 너희에게 경계한 것같이 경계하노니 이런 일을 하는 자들은 하나님의 나라를 유업으로 받지 못할 것이요"(갈 5:19-21).

우리의 마음에서 버려야 할 것은 육체의 소욕입니다. 이는 행복을 위하여 먼저 버려야 합니다.

그리고 행복을 위하여 채워야 합니다. 우리가 채워야 할 것은 무엇일까요? 그것은 성령의 열매입니다.

"오직 성령의 열매는 사랑과 희락과 화평과 오래 참음과 자비와 양선과 충성과 온유와 절제니 이 같은 것을 금지할 법이 없느니라"(갈 5:22-23).

우리가 채워야 할 것은 성령의 아름다운 열매입니다. 우리가 성령의 열매를 가득 채울 때 행복해질 수 있습니다. 그러므로 참된 행복은 하나님의 것으로 채우는 것입니다.

❸ 행복은 하나님의 것으로 머리부터 발끝까지 채우는 것이다.

다윗은 "기름을 내 머리에 부으셨으니 내 잔이 넘치나이다"라고 했습니다. 다윗의 잔은 넘쳤습니다. 다윗의 잔은 부족하지 않았습니다. 다윗의 잔은 하나님의 것으로 넘쳤습니다. 행복은 하나님의 것으로 넘치는 것입니다.

목자가 양의 머리에 기름을 부으면 그 기름은 온몸을 타고 흘러내립니다. 하나님은 하나님의 사람에게 기름을 부어서 왕으로 세우시고, 제사장으로 세우시고, 선지자로 세우십니다. 기름을 머리에 부으면 그 기름은 얼굴과 수염을 타고 흘러내려서 온몸을 적시게 됩니다.

이처럼 참된 행복은 머리부터 발끝까지 하나님의 것으로 가득 채울 때 얻을 수 있는 것입니다.

하나님은 우리의 잔을 넘치게 하시는 분입니다. 하나님은 우리의 잔을 부족하게 채우시는 분이 아니라 하나님의 것으로 넘치게 하시는 분입니다. 그러므로 하나님의 것으로 머리부터 발끝까지 채우고 넘치는 귀한 복이 있기를 바랍니다.

넘치는 복

하나님은 우리에게 복을 주시되 흔들어 넘치도록 채워 주시는 분입니다.

"하나님이 능히 모든 은혜를 너희에게 넘치게 하시나니 이는 너희로 모든 일에 항상 모든 것이 넉넉하여 모든 착한 일을 넘치게 하려 하심이라"(고후 9:8).

이처럼 하나님은 우리 인생의 잔을 부족하게 하시는 분이 아닙니다. 하나님은 우리 인생의 잔을 넘치게 하시는 분입니다. 하나님은 그분의 것으로 우리의 머리부터 발끝까지 넘치도록 채워 주시는 분입니다.

행복은 머리부터 발끝까지 하나님의 것으로 가득 채우는 것입니다. 행복은 채우는 것입니다. 비워 있으면 행복할 수 없습니다. 그렇다고 세상의 것으로 채운다고 행복해지는 것은 아닙니다. 세상의 것은 채워도 갈증이 있습니다. 불안합니다. 만족이 없습니다.

행복은 하나님의 것으로 채우는 것입니다. 하나님의 것으로 머리부터 발끝까지 채우면 참된 행복이 있습니다. 하나님의 것으로 채운 행복은 만족이 있습니다. 평안이 있습니다. 기쁨이 있습니다. 감사가 있습니다. 하나님의 것으로 빈 잔을 채우는 참된 행복자가 되시기 바랍니다.

🍃 행복은 결실한 포도나무와 같다.

행복은 결실한 포도나무와 같습니다. 시편 128편의 저자는 '복 있는 사람의 아내는 결실한 포도나무와 같다'고 했습니다. 결실한 포도나무는 건강한 포도나무입니다. 결실한 포도나무는 맺어야 할 포도송이를 맺습니다. 결실한 포도나무에는 포도송이가 탐스럽게 맺힙니다. 그 포도송이는 풍성합니다. 풍성한 포도송이는 하나님이 주신 열매입니다. 풍성한 포도송이는 사람들에게 행복을 줍니다. 결실한 포도나무는 하나님과 사람을 기쁘게 합니다.

행복도 마찬가지입니다. 행복은 비어 있지 않고 채워져 있는 것입니다. 행복은 하나님의 선물로 채워져 있는 것입니다. 하나님의 선물로 채워져 있는 행복은 부족하지 않고 풍성합니다. 행복은 모두를 기쁘게 해줍니다. 그러므로 행복은 결실한 포도나무와 같습니다.

🍃 빈 잔을 하나님의 것으로 채우라.

지금 이 세상을 살아갈 때 우리 삶 속에 부족한 것으로 인하여 우리의 잔이 비어 있습니까? 실망하지 마십시오. 행복해질 수 있습니다. 행복의 비결이 있습니다. 행복의 비결은 채우는 것입니다.

먼저 우리의 잔이 비어 있는 것을 인정하십시오. 혹시 우리의 잔이 더러운 것으로 차 있습니까? 그렇다면 이 세상의 것, 더러운 것을 다 비우십시오. 그리고 하나님 앞에 빈 잔을 올려드리십시오. 다윗처럼 하나님께서 우리의 머리에 기름을 부어 주실 것입니다. 하나님께서 우리의 잔에 하나님의 것으로 채워 주시기를 바랍니다. 우리의 잔이 하나님의 것으로 채워지면 우리는 이 세상에서 누구보다 행복해질 수 있습니다. 하나님의 기름부음의 복이 여러분에게 넘치기를 축복합니다.

11
내 평생에 선하심과 인자하심이
(시 23:6 상)

영화, 〈보디가드〉

오래 전에 영화 〈보디가드〉가 상영되었습니다. 유명한 여가수 휘트니 휴스턴이 성공가도를 달리는 레이첼 역을 맡았습니다. 그리고 케빈 코스트너가 레이첼의 보디가드 프랭크 역을 맡았습니다. 신변을 위협하는 협박 편지를 받은 레이첼은 전직 대통령 경호원이었던 프랭크를 자신의 보디가드로 고용하였습니다. 처음에 두 사람은 성격 차이로 사이가 좋지 않았습니다.

그러나 프랭크는 보디가드의 역할을 철저히 하면서 레이첼을 잘 보호하였습니다. 그러던 중 레이첼이 협박을 받고도 시상식에 참석하였습니다. 위험에 빠진 레이첼 대신 프랭크가 총을 맞아 큰 부상을 당하였습니다. 프랭크는 레이첼을 위하여 보디가드의 역할을 충실히 감당하여 레이첼의 목숨을 구해 주었습니다.

오늘 우리의 보디가드는 누구일까요? 우리의 보디가드는 여호와 하나님이십니다.

모든 것이 변하는 시대

지금은 모든 것이 변하는 시대입니다. 우정도 변하고, 사랑도 변합니다. 평생 동안 사랑이 변치 않겠다고 약속한 부부관계가 깨어지고 있습니다. 그래서 가정이 변하고 있습니다. 정치판을 보면 어제의 동지가 오늘의 적이 되고 있습니다. 정치판이 변하고 있습니다. 국가 사이도 마찬가지입니다. 국제사회에는 영원한 적도 없고 영원한 우방도 없습니다. 국제사회가 변하고 있습니다.

이처럼 모든 것이 변하고 있는 이때에 변하지 않는 것이 있습니다. 그것이 무엇일까요? 하나님은 변하시지 않습니다. 하나님은 영원하십니다. 따라서 영원히 변하지 않는 것은 우리를 향한 하나님의 선하심과 인자하심입니다.

다윗의 고백

오늘 본문에서 다윗은 노래하기를 "내 평생에 선하심과 인자하심이 반드시 나를 따르리니"라고 했습니다. 하나님의 선하심과 인자하심이 다윗을 평생 따른다고 했습니다. 그런데 어떻게 평생 동안 하나님의 선하심과 인자하심이 변치 않고 따를 수 있을까요? 이것이 오늘 본문에서의 문제입니다.

다윗이 고백한 평생은 미래를 의미합니다. 우리가 생각하는 평생은 과거와 현재와 미래를 포함하고 있습니다. 그러나 다윗의 평생은 미래를 의미합니다. 그러면 평생이 미래라면 어떻게 여호와의 선하심과 인자하심이 따른다고 할 수 있을까요? 다시 말해서, 여호와께서 다윗을 위하여 선하심과 인자하심으로 다윗의 미래에서 다윗을 기다리지 않고 다윗을 따른다고 할 수 있을까요?

따르시는 하나님

이것은 유대적인 표현입니다. 우리는 과거와 미래를 말할 때 과거는 '뒤쪽'으로, 미래는 '앞쪽'으로 생각합니다. 그래서 이미 지나간 과거를 잊어버리라고 할 때 "뒤를 돌아보지 말고 앞만 보고 달려라"라고 충고합니다.

그러나 유대인들은 정반대입니다. 유대인들에게 과거는 '앞쪽'이고 미래는 '뒤쪽'입니다. 유대인들이 과거를 '앞쪽'으로 인식하는 것은 과거의 일을 이미 훤히 알고 있듯이 앞에 놓인 사물을 잘 볼 수 있기 때문입니다. 반면에 미래를 '뒤쪽'으로 생각하는 것은 미지의 미래 세계가 우리의 시야가 닿지 않는 뒤쪽과 같다는 생각에서 비롯되었습니다.

이러한 유대인의 사고와 비슷한 개념이 영어 단어에도 녹아 있습니다. 과거를 의미하는 전치사인 'before'는 앞쪽을 의미하는 'fore'에서 온 단어입니다. 그리고 미래를 의미하는 전치사인 'after'는 배의 후미를 의미하는 'aft'에서 나온 말입니다.

그렇다면 다윗이 고백한 "내 평생에 선하심과 인자하심이 반드시 나를 따르리니"라는 말은 어떤 의미일까요? 그것은 앞으로 남은 인생, '미래'에 펼쳐질 시간들을 말하면서 하나님의 선하심과 인자하심이 '뒤'에서 따라온다고 표현한 것입니다. 미래의 시간들이 앞에서 펼쳐지는 것이 아니라 뒤에서 따라온다는 유대인들의 사고가 묻어 있는 독특한 표현입니다. 그래서 하나님은 선하심과 인자하심으로 미래에서 기다리는 분이 아니라 따른다고 표현하고 있습니다.

🍃 중요한 것은 미래이다.

우리에게 중요한 것은 미래입니다. 우리의 과거는 이미 지나갔습니다. 엄밀하게 말해서 우리에게 현재는 없습니다. 현재에서 1초만 지나도 과거가 됩니다. 현재에서 1초 후는 미래입니다. 그러므로 우리에게 중요한 것은 미래입니다. 다윗은 그의 평생에 선하심과 인자하심이 따른다고 했습니다. 우리에게 있어서 중요한 것은 우리의 미래에 하나님의 선하심과 인자하심이 따르는 것입니다.

오늘날 현대인들은 미래를 소중하게 여깁니다. 미래에 대한 관심이 많습니다. 그런데 미래의 문제를 해결하기 위하여 어떤 노력을 하고 있습니까? 사람들은 새해가 되면 토정비결을 봅니다. 또 점을 칩니다. 일간지나 스포츠신문을 보면 오늘의 운세가 나옵니다. 왜 비싼 지면에 오늘의 운세가 나옵니까? 그것은 수요와 공급의 원리이기 때문입니다. 그것을 원하는 자들이 있기 때문에 공급하는 자들이 있습니다. 그러나 그것이 우리의 미래를 해결해 줄 수 있습니까? 그것이 우리의 불확실한 미래를 분명하게 알려 줄 수 있을까요? 결코 그렇지 않습니다.

우리의 미래는 하나님이 열쇠를 가지고 계십니다. 하나님이 우리의 문제를 해결해 주십니다. 그렇다면 여러분은 다윗처럼 "내 평생에 선하심과 인자하심이 반드시 나를 따르리니"라고 고백할 수 있습니까? 다윗은 자신의 미래를 온전히 하나님께 맡겼습니다. 우리는 우리의 미래를 하나님께 온전히 맡길 수 있습니까? 우리는 이런 자세로 현재를 살아가고 있습니까? 이것이 우리의 문제입니다.

축복의 하나님

하나님은 축복의 하나님이십니다. 하나님은 우리에게 복 주기를 기뻐하시는 분입니다. 다윗은 하나님으로부터 복을 받은 자입니다. 다윗은 누구보다도 행복한 자였습니다. 다윗은 오늘 본문에서 "내 평생에 선하심과 인자하심이 반드시 나를 따른다"라고 고백하고 있습니다. 다윗이 이런 고백을 할 수 있었던 것은 자신의 삶 속에서 하나님을 만났기 때문입니다. 그러면 다윗을 만나 주시고 다윗을 축복하신 하나님은 어떤 분일까요? 다윗의 하나님은 우리를 어떻게 행복하게 해주실까요?

1 하나님은 다윗의 평생을 책임지시는 분입니다.

하나님은 다윗을 책임지시는 분입니다. 하나님은 다윗의 평생을 책임지시는 분입니다. 하나님은 다윗의 과거뿐만 아니라 현재도 책임지시고 미래도 책임지십니다. 그래서 다윗은 이렇게 노래하였습니다. 시편의 기자는 자신의 평생을 책임지시는 하나님을 이렇게 노래하였습니다.

"내가 산을 향하여 눈을 들리라 나의 도움이 어디서 올까 나의 도움은 천지를 지으신 여호와에게서로다 여호와께서 너를 실족하지 아니하게 하시며 너를 지키시는 이가 졸지 아니하시리로다 이스라엘을 지키시는 이는 졸지도 아니하시고 주무시지도 아니하시리로다 여호와는 너를 지키시는 이시라 여호와께서 네 오른쪽에서 네 그늘이 되시나니 낮의 해가 너를 상하게 하지 아니하며 밤의 달도 너를 해치지 아니하리로다 여호와께서 너를 지켜 모든 환난을 면하게 하시며 또 네 영혼을 지키시리로다 여호와께서 너의 출입을 지금부터 영원까지 지키시리로다"(시 121:1-8).

하나님은 자기 백성들의 출입을 지금부터 영원까지 지켜 주시는 분입니다.

다윗에게 주신 하나님의 약속

다윗은 하나님께 성전을 지어 바치기 원하였습니다. 그러나 하나님은 다윗이 성전을 건축하는 것을 허락하지 않으셨습니다. 그 대신 다윗의 마음을 받으시고 다윗과 함께하겠다고 약속하셨습니다. 그 약속은 다윗의 평생을 책임져 주시겠다는 약속입니다.

"네 수한이 차서 네 조상들과 함께 누울 때에 내가 네 몸에서 날 네 씨를 네 뒤에 세워 그의 나라를 견고하게 하리라"(삼하 7:12).

하나님은 다윗이 수한이 차서 조상들과 함께 누울 때까지 함께하겠다고 약속하셨습니다. 하나님은 다윗의 평생을 책임질 것을 말씀하셨습니다.

다윗은 파란만장한 삶을 살았습니다. 그러나 하나님께서 다윗과 함께하셨습니다. 하나님은 그분의 선하심과 인자하심으로 다윗과 함께하셨습니다. 다윗은 그 하나님을 경험하였습니다. 다윗은 자신의 남은 미래도 하나님께서 함께하실 것을 믿었습니다. 그래서 다윗은 이런 고백을 할 수 있었던 것입니다. 이처럼 하나님은 다윗의 평생을 책임지시는 분입니다.

2. 하나님은 다윗에게 선하시고 인자하신 분입니다.

다윗과 함께하신 하나님은 선하시고 인자하신 분입니다. 선하심과 인자하심은 영광스러운 하나님의 속성입니다. 하나님이 선하시다는 것은 하나님이 항상 좋은 것을 주시고 의의 길로 인도하신다는 의미입니다. 하나님이 인자하시다는 것은 하나님의 언약에 근거하여 자기 백성을 사랑한다는 의미입니다.

그래서 시편 기자는 하나님에 대하여 이렇게 고백하고 있습니다.

"여호와께 감사하라 그는 선하시며 그의 인자하심이 영원함이로다 이제 이스라엘은 말하기를 그의 인자하심이 영원하다 할지로다 이제 아론의 집은 말하기를 그의 인자하심이 영원하다 할지로다 이제 여호와를 경외하는 자는 말하기를 그의 인자하심이 영원하다 할지로다"(시 118:1-4).

하나님은 선하시고 인자하신 분입니다. 선하시고 인자하신 하나님은 다윗과 함께하셨습니다. 선하신 하나님은 다윗에게 항상 좋은 것을 주시고 그를 의의 길로 인도하셨습니다. 인자하신 하나님은 다윗에게 자신의 언약에 근거하여 변함없는 사랑을 베풀어 주셨습니다. 이처럼 하나님은 다윗에게 선하시고 인자하신 하나님이십니다.

3 하나님은 다윗을 따라다니시는 분입니다.

다윗의 하나님은 다윗을 평생 책임지시는 분입니다. 다윗의 하나님은 다윗에게 선하시고 인자하신 분입니다. 그리고 다윗의 하나님은 다윗을 따라다니시는 분입니다. 다윗은 노래하기를 "반드시 나를 따르리니"라고 했습니다. 하나님은 다윗을 반드시 따르시는 분입니다. 하나님은 다윗을 변치 않고 따르시는 분입니다.

하나님은 항상 다윗을 따르셨습니다. 하나님은 다윗이 언제, 어디에 있든지 다윗을 따르셨습니다. 하나님은 다윗이 목동으로 있을 때에도 따르셨고, 왕으로 있을 때에도 따르셨습니다. 하나님은 다윗이 평안할 때에도 따르셨고, 힘들 때에도 따르셨습니다. 하나님은 다윗이 범죄할 때도 따르셨고, 회개할 때에도 따르셨습니다. 다윗의 그림자가 다윗을 떠나지 않고 따르듯이 하나님은 다윗을 따르셨습니다. 이처럼 하나님은 항상 다윗을 따르셨습니다.

아비가일의 기도

다윗이 사울에게 쫓기는 삶을 살 때였습니다. 나발의 아내 아비가일이 다윗을 위하여 축복하는 내용입니다.

"사람이 일어나서 내 주를 쫓아 내 주의 생명을 찾을지라도 내 주의 생명은 내 주의 하나님 여호와와 함께 생명 싸개 속에 싸였을 것이요 내 주의 원수들의 생명은 물매로 던지듯 여호와께서 그것을 던지시리이다"(삼상 25:29).

아비가일의 기도대로 사울이 다윗의 생명을 노렸지만 하나님은 다윗을 생명 싸개로 보호해 주셨습니다. 이처럼 하나님은 다윗을 따라다니며 다윗을 지켜 주셨습니다.

그런데 과거에 다윗을 따르셨던 하나님은 미래에도 따르실 것입니다. 다윗이 고백한 대로 하나님은 다윗을 반드시 따르실 것입니다. 하나님은 다윗이 어려울 때도 따르실 것입니다. 하나님은 다윗이 외로울 때도 따르실 것입니다. 하나님은 다윗이 범죄할 때도 따르실 것입니다. 이처럼 하나님은 반드시 다윗을 따르실 것이며, 다윗을 따르는 하나님은 변치 않으실 것입니다.

예수님은 제자들을 끝까지 따르신다.

예수님은 제자들을 끝까지 따르십니다. 예수님은 제자들을 사랑하시되 끝까지 사랑하십니다.

"유월절 전에 예수께서 자기가 세상을 떠나 아버지께로 돌아가실 때가 이른 줄 아시고 세상에 있는 자기 사람들을 사랑하시되 끝까지 사랑하시니라"(요 13:1).

예수님의 사랑에는 변함이 없습니다. 이 당시 제자들은 예수님의 마음을 몰랐습니다. 제자들은 십자가의 길을 걸어가는 예수님을 알지 못하였습니다. 오히려 제자들은 서로 높은 자리를 차지하려는 마음으로 가득 찼습니다. 그럼에도 불구하고 예수님은 제자들을 사랑하셨습니다. 예수님은 제자들을 끝까지 사랑하셨습니다.

변치 않는 예수님 사랑

예수님의 변치 않는 사랑은 예수님께서 제자들에게 마지막 명령을 주실 때도 나타났습니다. 예수님은 제자들에게 마지막으로 선교적인 사명을 주셨습니다. 사명을 주신 예수님은 제자들에게 어떤 약속을 주셨습니까?

"볼지어다 내가 세상 끝 날까지 너희와 항상 함께 있으리라 하시니라"
(마 28:20).

예수님은 지금까지 제자들과 함께하시며 그들을 사랑하셨습니다. 그런데 예수님의 사랑은 미래에도 함께하실 것입니다. 예수님은 제자들에게 세상 끝 날까지 함께하시겠다고 약속하셨습니다. 이처럼 예수님은 제자들의 평생에 선하심과 인자하심으로 따르시는 분입니다.

하나님은 우리의 평생에 우리를 따르시며 복 주시는 분이다.

하나님은 살아 계십니다. 살아 계신 하나님은 축복의 하나님이십니다. 하나님은 우리에게 복 주실 때 평생을 책임져 주시는 분입니다.

하나님은 우리에게 복을 주실 때 하나님의 선하심과 인자하심으로 함께하십니다. 하나님은 우리에게 복을 주실 때 변치 않고 따르시는 분입니다. 이처럼 하나님은 우리의 평생에 선하심과 인자하심으로 반드시 따르시는 분입니다. 그래서 우리를 복되게 하시는 분입니다.

행복은 하나님께서 따르심으로 얻는 것이다.

행복은 하나님께서 따르심으로 얻는 것입니다. 하나님께서 따라 주시지 않으면 행복을 얻을 수 없습니다. 이 세상에서 하나님 외에는 그 누구도 인간의 진정한 행복에 관심을 가지는 자나 신이 없습니다. 하나님 외에 그 누구도 인간을 행복하게 해줄 능력이 없습니다. 더구나 우리를 행복하게 해주기 위하여 우리의 뒤를 따르는 자가 없습니다.

하나님은 우리를 행복하게 해주시기 위하여 우리를 따라 주시는 분입니다. 하나님은 우리를 행복하게 해주시기 위하여 노력을 아끼시지 않습니다. 이처럼 진정한 행복은 하나님의 따르심으로만 얻을 수 있습니다. 그러므로 진정한 행복은 무엇일까요?

❶ 행복은 평생 동안 계속되어야 하는 것이다.

행복은 일시적인 것이 아닙니다. 행복은 과거의 것만이 아닙니다. 어떤 사람들은 왕년의 행복에서 찾습니다. "왕년에는 내가 이랬는데……." 이처럼 현재의 불행 속에서 왕년의 행복을 기억합니다. 그러나 현재가 불행하다면 왕년의 행복은 진정한 행복이 아닙니다. 더구나 왕년의 행복은 미래의 행복을 가져다줄 수 없습니다. 진정한 행복은 평생 동안 계속되는 것입니다.

다윗은 노래하기를 "내 평생에 선하심과 인자하심이 반드시 나를 따르리니"라고 했습니다. 다윗은 행복한 사람이었습니다. 다윗은 평생 행복한 사람이었습니다. 다윗의 행복은 일시적인 행복이 아닙니다. 다윗의 행복은 왕년의 행복이 아닙니다. 다윗의 행복은 평생의 행복이었습니다. 진정한 행복은 평생 동안 계속되는 것입니다. 진정한 행복은 미래에도 확신할 수 있는 행복입니다.

하나님은 이스라엘 백성들이 광야생활을 할 때 구름기둥과 불 기둥으로 함께하셨습니다. 하나님은 낮에는 구름기둥으로 인도하셨고, 밤에는 불기둥으로 함께하셨습니다. 하나님은 이스라엘 백성들이 40년 동안 광야생활을 할 때 함께하셨습니다. 하나님은 이스라엘 백성들이 가나안에 들어갈 때까지 구름기둥과 불기둥으로 함께하셔서 이스라엘 백성들을 행복하게 해주셨습니다. 하나님의 함께하심은 이스라엘 백성들이 가나안에 들어갔을 때도 계속되었습니다.

행복한 성도의 찬송

그래서 우리는 하나님께 이런 찬송을 부를 수 있습니다.

어저께나 오늘이나 어느 때든지
영원토록 변함없는 거룩한 말씀

믿고 순종하는 이의 생명 되시며

한량없이 아름답고 기쁜 말일세

어저께나 오늘이나 영원 무궁히

한결같은 주 예수께 찬양합니다

세상 지나고 변할지라도

영원하신 주 예수 찬양합니다.

하나님은 우리와 어제도 함께하시고 오늘도 함께하십니다. 그리고 영원토록 함께하십니다. 그래서 우리는 참된 행복을 누릴 수 있습니다. 우리는 어제도 행복하였고, 오늘도 행복하고, 내일도 행복할 것입니다.

행복은 평생 동안 누리는 것입니다. 하나님은 우리를 행복하게 해주시는 분입니다. 하나님은 과거에도 함께하셨고, 현재에도 함께하시고, 미래에도 함께하실 분입니다. 하나님은 우리를 평생 동안 행복하게 해주시는 분입니다. 그러므로 그 하나님을 바라보시기 바랍니다.

❷ 행복은 하나님의 선하심과 인자하심으로 얻는 것이다.

행복은 하나님으로부터 옵니다. 행복은 하나님의 선하심과 인자하심으로 얻을 수 있습니다. 하나님의 선하심은 하나님의 좋으심입니다. 하나님의 인자하심은 하나님의 변함없는 사랑입니다. 그래서 다윗은 하나님의 선하심과 인자하심으로 자신의 행복을 노래하였습니다.

행복은 하나님께 있습니다. 특히 행복은 하나님의 선하심과 인자하심에 있습니다. 우리는 하나님의 선하심과 인자하심으로 행복할 수 있습니다. 하나님의 선하심과 인자하심이 없으면 우리는 하나님 앞에 설 수 없습니다. 우리가 하나님 앞에 설 수 없으면 세상의 모든 것을 가져도 불행한 자입니다. 그러나 우리에게 하나님의 선하심과 인자하심이 있으면 하나님 앞에 설 수 있고, 행복한 자가 될 수 있습니다.

선하심과 인자하심의 행복

여러분은 진정 행복하기를 원하십니까? 그렇다면 다윗의 고백이 여러분의 고백이 되기 바랍니다. 다윗과 같은 노래를 부르는 여러분이 되시기 바랍니다.

나는 길 잃은 나그네였네 죄 중에 헤매이는데
사랑의 왕 내 목자 예수 나를 집으로 인도하네
진실로 선함과 그 인자하심이
날마다 함께하시리라
진실로 선함과 그 인자하심이
날마다 함께하시리라
영원토록 주 안에 내가 거하리라
영원토록 주 안에 나 안식하리라
진실로 선함과 그 인자하심이

날마다 함께하시리라.

행복은 하나님께 있습니다. 하나님은 자신의 선하심과 인자하심으로 우리와 함께해 주기 원하십니다. 하나님은 자신의 선하심과 인자하심으로 우리를 행복하게 해주기 원하십니다. 그러므로 선하시고 인자하신 하나님을 노래함으로 행복한 자가 되시기 바랍니다.

❸ 행복은 하나님의 선하심과 인자하심이 반드시 따름으로 얻는 것이다.

다윗은 하나님의 선하심과 인자하심이 반드시 따르는 것을 경험하였습니다. 다윗은 자신이 어떤 상황에 있을지라도 선하시고 인자하신 하나님이 반드시 따르시는 것을 경험하였습니다. 다윗은 선하시고 인자하신 하나님이 과거에도 따라 주셨고, 현재에도 따라 주시고, 미래에도 따라 주실 것을 믿었습니다. 그래서 다윗은 이렇게 노래하였습니다.

유대인들은 불확실한 미래에 대한 불안을 극복하기 위해서 과거의 일을 묵상하곤 하였습니다. 성경의 수많은 인물들은 고통과 환난으로 인하여 미래에 대한 불안과 두려움이 엄습할 때 과거에 하나님의 하신 신실한 일들을 묵상함으로 극복해 나갔습니다. 이것이 하나님의 사람들의 모습입니다.

시편에 반복된 출애굽 사건

그래서 시편에는 출애굽 사건이 80회 이상이나 반복되고 있습니다. 그 이유는 과거에 이스라엘 백성들과 함께하셔서 어려움을 극복하게 해주신 하나님의 선하심과 인자하심이 지금도 이루어질 것을 신뢰하기 때문이었습니다. 그래서 믿음의 사람들은 과거를 뒤돌아보며 하나님께서 미래에도 지켜 주실 것을 신뢰하였습니다. 이것이 불확실한 미래를 헤쳐나가며 행복을 추구하는 하나님의 사람들의 모습입니다.

> "곧 여호와의 일들을 기억하며 주께서 옛적에 행하신 기이한 일을 기억하리이다 또 주의 모든 일을 작은 소리로 읊조리며 주의 행사를 낮은 소리로 되뇌이리이다"(시 77:11-12).

이처럼 하나님은 옛적에도 함께하시고 미래에도 함께하십니다. 하나님의 선하심과 인자하심이 반드시 우리를 따릅니다. 우리의 진정한 행복은 선하시고 인자하심이 반드시 따름으로 얻는 것입니다. 그러므로 선하심과 인자하심으로 우리를 따르시는 하나님을 신뢰하십시오. 그래서 우리를 반드시 따르시는 하나님의 선하심과 인자하심으로 행복한 자가 되시기 바랍니다.

행복은 보디가드와 같다.

행복은 보디가드와 같습니다. 보디가드는 자기가 지켜야 할 자를 결코 떠나지 않습니다. 보디가드는 자기가 항상 지켜야 할 자 곁에 있습니다. 보디가드는 항상 곁에 있을 뿐만 아니라 몸과 마음을 다하여 보호해 줍니다. 보디가드는 24시간 밀착해 있으면서 몸과 마음을 다하여 따름으로 지켜야 할 자의 몸과 생명을 지켜 줍니다.

행복도 마찬가지입니다. 행복은 일시적인 것이 아니라 계속되어야 합니다. 진정한 행복은 항상 곁에 있어야 합니다. 왔다가 사라지고 사라졌다가 다시 오는 것은 행복이 아닙니다. 행복은 항상 함께하는 것입니다.

진정한 행복은 어제나 오늘이나 내일이나 동일합니다. 진정한 행복은 변하지 않는 것입니다. 진정한 행복은 나의 모든 것을 감싸 주고, 지켜 주고, 만족을 줍니다. 그러므로 행복은 항상 우리를 지켜 주고 따르는 보디가드와 같습니다.

야곱을 따르시는 하나님

선하시고 인자하신 하나님이 따르시는 자는 행복해질 수 있습니다. 야곱을 보십시오. 야곱은 형을 피해서 하란으로 도망을 가고 있었습니다. 도망자 야곱은 누구보다도 불행한 자였습니다. 그러나 도망자 야곱이 불행한 자가 아니라 누구보다도 행복한 자임을 발견하고 있습니다. 야곱은 혼자인 줄 알았습니다. 그런데 하나님께서 야곱과 함께하셨습니다. 하나님은 야곱과 함께하시되 하나님의 선하심과 인자하심으로 함께하셨습니다.

루스 광야에서만 하나님의 선하심과 인자하심이 함께하신 것이 아니라 야곱이 어디를 가든지 반드시 함께하셨습니다. 하나님은 하란에서도 야곱과 함께하셨습니다. 하나님은 야곱을 반드시 따라 주셔서 야곱이 성공적으로 돌아올 수 있게 하셨습니다. 그래서 야곱은 불행한 자가 아니라 누구보다도 행복한 자가 될 수 있었습니다.

🌱 **따르시는 하나님을 보라.**

여러분은 진정 행복하기를 원하십니까? 그렇다면 행복을 위하여 행복을 따라가지 마십시오. 행복을 위하여 세상을 따라가지 마십시오. 그러면 결코 행복을 얻을 수 없습니다.

행복은 하나님께 있습니다. 하나님은 여러분을 행복하게 해주시기 위하여 스스로 여러분을 찾아오셨습니다. 하나님은 선하심과 인자하심으로 여러분을 따르고 계십니다.

여러분의 행복을 위하여 따르시는 하나님을 바라보며 하나님을 의지하십시오. 하나님께서 여러분을 행복하게 해주신 것을 믿음의 눈으로 바라보십시오. 그리고 다윗처럼 여러분을 행복하게 해주신 하나님을 찬양하시기 바랍니다. "하나님은 내 평생에 선하심과 인자하심으로 반드시 나를 따라 주셨습니다. 그래서 나는 누구보다도 행복한 자입니다. 나는 나를 행복하게 해주신 하나님께 감사하고 하나님을 찬양합니다." 그러면 여러분은 계속 하나님이 주시는 행복을 누릴 수 있습니다. 다윗이 누린 행복이 여러분의 행복이 되고, 다윗의 노래가 여러분의 노래가 되기를 주님의 이름으로 축복합니다.

12

내가 여호와의 집에 영원히 살리로다

(시 23:6 하)

가족을 소중히 여기는 민족

설은 우리나라 고유의 명절입니다. 그래서 많은 성도들이 고향으로 내려갑니다. 그리고 어른들을 찾아뵙고 인사드리고, 형제들을 만나며, 가족들과 함께 좋은 시간을 가지는 것입니다. 이처럼 우리 민족은 어느 민족보다도 가정과 가족을 소중히 여기는 민족입니다.

우리 민족 못지않게 가족을 소중히 여기는 민족이 있다면 유대인입니다. 유대인들은 참으로 가정과 가족을 소중하게 여깁니다. 그런 의식을 가지고 있는 위대한 왕 다윗은 하나님을 찬양하면서 "내가 여호와의 집에 영원히 살리로다"라고 고백하고 있습니다. 다윗이 어떻게 이런 고백을 할 수 있었을까요? 유대인들은 사회적 공동체가 가족입니다. 지금 우리나라는 대가족 형태에서 핵가족 형태로 변하였습니다. 핵가족 형태로 변하여 많은 주택이 필요하고, 여러 가지

많은 문제가 발생하고 있습니다.

친족 공동체

성경이 기록될 때 그리고 예수님 시대의 유대 사회는 대가족을 이루고 살았습니다. 한 집에 4, 5대가 모여서 사는 대가족 공동체였습니다. 그래서 가장에게는 그 많은 가족을 이끌어 가는 리더십이 부여되었습니다. 그리고 온 가족은 가장의 말에 절대적으로 순종하는 사회였습니다. 그래서 한 개인은 결코 독립된 개체가 아니었습니다. 한 개인은 그 집안에 소속되어 있는 가족이며 누구의 아들로 불렸던 것입니다.

예수님은 사람들에게 요셉의 아들이라고 불렸습니다. 시편 23편을 지은 다윗은 이새의 아들이었습니다. 그리고 예수님은 베드로를 요한의 아들 시몬이라고 하셨습니다. 유대인들은 누구의 아들이라 하여, 가족을 떠나서는 생각할 수 없는 사회적인 조직이었습니다. 이처럼 유대인들은 가족을 떠난 개인을 상상할 수 없었습니다. 만약에 어떤 사람이 가족을 떠나거나 가족을 잃어버리게 되면 그 사람의 존재 가치는 박탈당할 수밖에 없었습니다.

다윗의 고백

다윗은 "내가 여호와의 집에 영원히 살리로다"라고 했습니다. 여기에서 '집'은 두 가지 의미로 사용됩니다. 성경에 보면 집은 '하우스'의 의미가 있고, 때로는 '홈'의 의미가 있습니다. 구약을 보면 집은 '하우스'의 의미와 '홈'의 의미가 혼재되어 사용되고 있습니다.

오늘 본문의 '집'도 하우스와 홈의 의미가 동시에 담겨 있는 것을 봅니다. 다시 말해서, 다윗은 여호와의 집에서 영원히 살 것이며, 하나님의 가족으로서 영원히 살 것이라는 의미입니다.

다윗이 양육하는 양들

다윗은 목동이었습니다. 그 당시 유대 광야에서 양육되는 양들은 목자의 우리 안에 있을 때 평안함을 느꼈습니다. 다윗은 우리 안에서 자신이 양육하는 양들이 평안함을 누리게 해주었습니다. 그와 마찬가지로 성도는 여호와의 집에 있을 때 참된 평안을 누릴 수 있습니다.

다윗도 마찬가지였습니다. 다윗은 시편 23편의 결론 부분에 와서 "내가 여호와의 집에 영원히 살리로다"라고 했습니다. 선한 목자이신 여호와는 다윗이 여호와의 집에서 영원히 살 수 있도록 해주시는 분이었습니다. 마치 유대 광야에서 양들이 목자의 우리 안에 있을 때 참된 평안과 행복을 누렸듯이 다윗 역시 여호와의 집에서 살 것을 노래하고 있습니다.

하나님의 가족

오늘 우리에게는 가족이 있습니다. 우리에게는 가정이 있습니다. 더 나아가서 우리는 다윗처럼 영적으로 하나님과의 관계 속에서 하나님의 가족입니다. 우리는 하나님의 집, 하나님의 공동체 안에서 거하는 자입니다. 우리는 하나님의 집에서 행복을 찾는 자입니다. 우리는 오늘 이 말씀을 통하여 다윗처럼 "내가 여호와의 집에 영원히 살리로다"라는 노래를 기쁨으로 할 수 있는지 자신을 살펴보시기 바랍니다.

축복의 하나님

오늘 다윗의 하나님은 축복의 하나님이십니다. 하나님은 하나님의 백성들을 축복하시되 특별히 하나님의 집을 통하여 축복하십니다. 하나님의 가정을 통하여 축복하십니다. 그리고 하나님의 공동체를 통하여 축복하십니다. 하나님은 자기 집을 통하여 하나님의 백성들을 공급하시고 보호하시고 책임을 지십니다. 하나님은 자기 집을 통하여 하나님의 백성들을 행복하게 해주기 원하십니다.

다윗은 목동으로서 양을 칠 때 양을 사랑하는 마음으로 양들에게 풀을 뜯기고 물을 마시게 하였습니다. 그리고 저녁이면 우리로 데려갔습니다. 다윗은 양들이 우리 안에서 평안히 쉬고 또 잠을 자도록 하였습니다. 이런 경험을 한 다윗은 자신의 삶을 뒤돌아보았습니다. 그리고 하나님께서 자신에게 선한 목자가 되심을 알았습니다. 다윗은 하나님의 집에서 편안한 삶을 살 수 있도록 해주시는 하나님을 발견하고 이렇게 노래하고 있는 것입니다. 그러면 다윗의 하나님은 구체적으로 어떤 하나님일까요?

1 하나님은 다윗을 하나님의 가족이 되게 하셨습니다.

다윗이 "내가 여호와의 집에 영원히 살리로다"라고 노래했습니다. 다윗이 이렇게 말하는 것은 자신이 하나님의 자녀가 되었고, 하나님의 가족이 되었기 때문입니다. 이처럼 다윗의 하나님은 다윗을 하나님의 자녀, 하나님의 가족으로 삼아 주셨습니다.

시편 23편과 다윗이 성전을 짓기 위해 자기의 마음을 토로한 사무엘하 7장을 연결해 보십시오. 사무엘하 7장에서 다윗은 하나님께 성전을 바치기로 결심하였습니다. 다윗은 자신의 마음을 나단 선지자에게 표현하였습니다. 나단은 다윗의 뜻을 기쁘게 여겼습니다. 그러나 하나님은 다윗이 성전 짓는 것을 금하시고 다윗의 아들이 전을 건축할 것이라고 말씀하셨습니다.

그러나 하나님께서는 나단을 통하여 다윗에게 하나님의 뜻을 계시해 주셨습니다.

"나는 그에게 아버지가 되고 그는 내게 아들이 되리니 그가 만일 죄를 범하면 내가 사람의 매와 인생의 채찍으로 징계하려니와"(삼하 7:14).

이것은 하나님께서 나단 선지자를 통하여 다윗에게 주신 말씀입니다. 여기에서 '나'는 하나님이고 '아들'은 솔로몬입니다. 하나님은 솔로몬의 아버지가 되시고, 솔로몬이 하나님의 아들이 된다고 말씀하셨습니다. 이것은 다윗에게도 주신 말씀입니다. 하나님은 다윗의 아버지가 되시고, 다윗은 하나님의 아들입니다.

다윗의 아버지가 되신 하나님

이것은 그 당시 고대 신관으로는 도저히 생각할 수 없는 특별한 신관입니다. 옛날 고대의 신은 그 어떤 신도 자기를 숭배하는 자를 아들이라고 말하지 않았습니다. 옛날 사람들은 자기의 신을 굉장히 무서운 신으로 생각했습니다. 그러나 다윗의 하나님 여호와는 "내가 너에게 아버지가 되어 주겠다"라고 하셨습니다.

이처럼 하나님은 다윗을 하나님의 가족으로 삼아 주셨습니다. 하나님은 먼 훗날 다윗의 자손 예수 그리스도를 통하여 다윗으로 하나님의 자녀가 될 수 있게 하신 것입니다. 이처럼 하나님은 다윗을 하나님의 가족으로 삼아 주셨습니다.

2 하나님은 자기 집에서 다윗의 모든 것을 책임지셨습니다.

당시 목자는 양을 책임졌습니다. 목자는 양을 푸른 풀밭으로 인도하였습니다. 쉴 만한 물가로 인도하였습니다. 맹수들이 양을 노리면 목숨을 걸고 맹수를 물리쳐서 양을 보호해 주었습니다. 목자는 양이 병들면 정성을 다해 치료해 주었습니다. 이처럼 목자는 양의 모든 것을 다 책임졌습니다.

그리고 다윗 시대나 예수님 시대의 유대 가정은 가장이 가족의 행복을 위하여 모든 것을 책임졌습니다. 그 시대는 지금보다 훨씬 더 환경이 열악하였습니다. 먹을 것이 부족하였습니다. 거느린 식구들이 많았습니다. 그러나 가장은 가족의 행복을 위하여 최선을 다하여 모든 것을 책임졌습니다.

그와 마찬가지로 하나님은 다윗과 함께하셔서 다윗의 모든 것을 책임지셨습니다.

"네 수한이 차서 네 조상들과 함께 누울 때에 내가 네 몸에서 날 네 씨를 네 뒤에 세워 그의 나라를 견고하게 하리라"(삼하 7:12).

하나님은 다윗에게 다윗의 왕국을 견고하게 하겠다고 약속하셨습니다.

가족을 책임지시는 하나님

이 모든 것은 하나님께서 다윗을 하나님의 가족으로 인정하시고 앞으로 모든 것을 책임지시겠다는 것입니다. 하나님께서는 그의 아들이 왕위를 물려받았을 때 그의 왕국이 계속해서 이어질 것을 약속해 주셨습니다. 하나님은 자기 집에서 다윗에게 필요한 모든 것을 공급해 주겠다고 약속하셨습니다. 하나님은 그 약속대로 다윗의 집의 모든 것을 책임지셨습니다. 이것이 다윗의 하나님의 모습입니다.

하나님은 하나님의 가족에 대하여 관심을 가지십니다. 하나님은 하나님의 가족을 돌보아 주십니다. 그래서 사도 바울은 갈라디아 교인들에게 이렇게 부탁하였습니다.

"그러므로 우리가 기회 있는 대로 모든 이에게 착한 일을 하되 더욱 믿음의 가정들에게 할지니라"(갈 6:10).

하나님은 착한 일을 하되 믿음의 가정들에게 착한 일을 하기 원하십니다. 그렇다면 하나님도 자신의 가족에게 착한 일을 하실 것입니다. 이처럼 하나님은 자신의 가족을 책임지십니다.

3 하나님은 다윗을 하나님의 집에서 영원히 살게 하셨습니다.

우리가 잘 아는 대로 다윗은 하나님을 위하여 성전을 지어드리기를 원하였습니다. 그러나 하나님께서는 다윗이 성전 짓는 것을 허락하지 않으셨습니다. 하나님은 성전 짓는 일을 그의 아들 솔로몬에게 맡기셨습니다. 그 대신 하나님은 다윗의 마음을 받아 주셨습니다. 이처럼 다윗은 하나님의 집을 짓기를 원하였습니다. 하나님은 하나님의 집을 지어드리기 원하는 다윗을 위하여 그로 하여금 하나님의 집에 영원히 살게 하셨습니다. 하나님께서 다윗에게 주신 약속입니다.

"네 집과 네 나라가 내 앞에서 영원히 보전되고 네 왕위가 영원히 견고하리라"(삼하 7:16).

하나님은 다윗에게 다윗의 집과 나라를 영원히 보전하시겠다고 말씀하셨습니다. 그리고 다윗에게 이런 말씀을 주셨습니다.

"전에 내가 사사에게 명령하여 내 백성 이스라엘을 다스리던 때와 같지 아니하게 하고 너를 모든 원수에게서 벗어나 편히 쉬게 하리라 여호와가 또 네게 이르노니 여호와가 너를 위하여 집을 짓고"(삼하 7:11).

하나님은 다윗을 위하여 가정을 세워 주고 그 나라를 견고하게 해주겠다고 약속하셨습니다. 이처럼 하나님은 다윗으로 하여금 하나님의 집에 영원히 살 수 있도록 약속하셨습니다. 축복의 하나님은 하나님의 집을 통하여 다윗을 축복하셨습니다. 하나님은 하나님의 집을 통하여 다윗을 행복한 사람으로 만들어 주시기 원하셨습니다.

◼ 예수님은 집을 지으신다.

예수님은 우리를 위하여 집을 지으시는 분입니다. 그래서 예수님은 제자들에게 말씀하셨습니다.

"너희는 마음에 근심하지 말라 하나님을 믿으니 또 나를 믿으라 내 아버지 집에 거할 곳이 많도다 그렇지 않으면 너희에게 일렀으리라 내가 너희를 위하여 거처를 예비하러 가노니 가서 너희를 위하여 거처를 예비하면 내가 다시 와서 너희를 내게로 영접하여 나 있는 곳에 너희도 있게 하리라"(요 14:1-3).

이처럼 우리 예수님은 우리를 위하여 집을 예비하시는 분입니다. 예수님이 예비하신 집은 천국입니다.

예수님은 우리를 위하여 천국을 예비하고 계십니다. 예수님이 천국을 다 예비하시면 우리에게 다시 오실 것입니다. 예수님은 올라가신 그 모습 그대로 구름 타고 영광스런 모습으로 다시 오실 것입니다. 예수님은 우리를 저 천국으로 영접하실 것입니다. 그리고 그 천국에서 우리로 하여금 영원토록 살게 하실 것입니다. 이처럼 예수님은 우리를 위하여 집을 예비하십니다. 예수님이 우리를 위하여 예비하시는 집은 천국입니다.

하나님은 우리를 여호와의 집에 영원히 살도록 하신다.

하나님은 살아 계십니다. 살아 계신 하나님은 축복의 하나님이십니다. 특별히 하나님은 우리를 축복하시되 하나님의 집을 통하여 복 주시는 분입니다. 하나님은 하나님의 공동체를 통하여 우리에게 복 주시는 분입니다. 하나님은 오늘도 하나님의 집, 성전을 통하여 축복하십니다. 하나님은 하나님의 공동체인 교회를 통하여 우리를 축복하시기 원하시는 분입니다. 하나님은 오늘도 살아 계셔서 우리의 영육 간의 필요를 공급해 주시는 분입니다. 하나님은 우리로 하여금 저 천국에서 영원히 살게 해주시는 분입니다.

행복은 여호와의 집으로 얻는 것이다.

행복은 무엇일까요? 행복은 여호와의 집으로 얻는 것입니다. 행복은 여호와의 집이 아닌 다른 것에서 결코 얻을 수 없는 것입니다. 행복은 여호와의 집을 통하여 얻을 수 있습니다. 오늘날 수많은 사람들이 하나님 아닌 다른 것으로부터 행복을 추구하고 있습니다. 그러나 참된 행복은 하나님의 집에서만 얻을 수 있는 것입니다. 행복과 하나님의 집은 어떤 관련이 있을까요?

❶ 행복은 하나님의 자녀가 되는 것이다.

유대인들은 가족을 떠나서 존재할 수 없습니다. 가족이 없는 사람은 불쌍한 사람입니다. 가족이 없는 사람은 고아와 과부입니다. 그래서 하나님께서는 불쌍한 과부와 고아를 돕는 말씀을 주셨습니다. 행복의 조건은 가정이 있어야 합니다. 행복의 조건은 가족이 있어야 합니다.

그러므로 참된 행복은 하나님의 자녀가 되는 것입니다. 우리는 과거에 마귀의 자녀였습니다. 마귀의 가족이었습니다. 마귀를 아버지로 모셨습니다. 마귀의 자녀였던 우리는 마귀의 지배를 받았습니다. 마귀의 권세 아래 있었습니다. 우리는 마귀의 도구였습니다. 마귀의 종 노릇 하였습니다. 마귀가 시키는 대로 하였고, 마귀를 기쁘게 하였습니다. 그래서 우리는 눌린 삶을 살았습니다. 우리는 마귀의 가족으로 불행한 삶을 살고 있었습니다.

마귀의 자녀에서 하나님의 자녀로

그런데 하나님은 우리를 사랑하셨습니다. 하나님은 우리를 마귀의 사슬에서 해방시켜 주셨습니다. 하나님은 우리를 마귀의 가족에서 벗어나게 하셨습니다. 그리고 하나님은 우리를 하나님의 가족으로 맞아 주셨습니다. 우리는 예수 그리스도를 통하여 하나님의 자녀가 되었습니다. 우리는 마귀의 자녀에서 하나님의 자녀가 되었습니다.

"그때에 너희는 그 가운데서 행하여 이 세상 풍조를 따르고 공중의 권세 잡은 자를 따랐으니 곧 지금 불순종의 아들들 가운데서 역사하는 영이라 전에는 우리도 다 그 가운데서 우리 육체의 욕심을 따라 지내며 육체와 마음의 원하는 것을 하여 다른 이들과 같이 본질상 진노의 자녀이었더니 긍휼이 풍성하신 하나님이 우리를 사랑하신 그 큰 사랑을 인하여 허물로 죽은 우리를 그리스도와 함께 살리셨고(너희는 은혜로 구원을 받은 것이라)"(엡 2:2-5).

우리의 신분은 마귀의 자녀에서 하나님의 자녀로 바뀌었습니다.

행복은 하나님의 자녀에게 있습니다.

참된 행복은 하나님의 자녀가 됨으로 얻는 것입니다. 우리가 하나님의 자녀이기 때문에 다윗을 행복하게 해주신 하나님께서 우리를 분명하게 행복한 사람으로 만들어 주실 것입니다. 그러므로 세상 사람들이 세상의 것을 가지고 있는 것을 부러워하지 마십시오. 하나님의 자녀로서의 자부심을 가지십시오. "나는 하나님의 가족이기 때문에 행복한 사람이다"라는 생각을 가지고 살아가시기 바랍니다. 하나님의 가족은 행복합니다. 하나님의 자녀는 행복합니다.

탕자의 특권

예수님의 비유 중 탕자의 비유가 있습니다. 둘째 아들은 아버지에게 자기의 분깃을 받아 먼 나라에 가서 허랑방탕하며 재산을 낭비하고 결국 탕자가 되고 말았습니다. 그는 타국에서 비참한 생활을 하였습니다. 그러나 그에게 한 가지 특권이 있었습니다. 그에게는 자기를 기다리는 아버지가 있었습니다. 그는 아버지에게 돌아가 아들이 아닌 품꾼의 하나로 여겨 달라고 요청하였습니다. 그러나 아버지는 품꾼이 아닌 아들로 맞아 주었습니다.

아버지는 탕자에게 아들의 특권을 회복시켜 주었습니다. 아버지는 종들을 시켜 아들에게 제일 좋은 옷을 입히고, 손에 가락지를 끼우고, 발에 신을 신기게 하였습니다. 그리고 아버지는 살진 송아지를 잡고 잔치를 베풀었습니다. 아버지는 탕자에게 아들의 모든 특권을 회복시켜 주었습니다. 탕자는 아들의 특권이 있었기 때문에 다시 행복할 수 있었습니다.

우리도 마찬가지입니다. 우리도 하나님의 자녀입니다. 우리에게도 하나님의 자녀의 특권이 있습니다. 우리가 연약하여 하나님의 마음을 아프게 할 때가 있습니다. 그럼에도 불구하고 하나님은 여전히 우리를 아들로 여기십니다. 하나님은 우리에게 주신 자녀의 특권을 무효화시키지 않으십니다. 하나님은 언제나 우리를 자녀로 여겨 주십니다. 그러므로 우리는 행복한 자입니다. 이처럼 행복은 하나님의 자녀가 됨으로 누리는 것입니다.

❷ 행복은 하나님의 집에서 하나님의 보호와 공급을 받는 것이다.

양은 목자의 집에서, 목자의 우리에서 참된 평안을 누립니다. 다윗은 여호와의 성전을 건축하기를 소원하였습니다. 하나님은 다윗의 요청을 거절하셨습니다. 전을 짓는 것은 다윗의 아들 솔로몬에게 맡기셨습니다. 그러나 하나님은 다윗의 마음을 받아 주셨습니다. 하나님은 다윗을 위하여 집을 세워 주고, 다윗의 집과 다윗의 나라를 견고하게 해주겠다고 약속하셨습니다. 참된 행복은 하나님의 집에서 얻는 것입니다. 시편 기자는 이렇게 노래하고 있습니다.

"여호와의 집 우리 여호와의 성전 곧 우리 하나님의 성전 뜰에 서 있는 너희여 여호와를 찬송하라 여호와는 선하시며 그의 이름이 아름다우니 그의 이름을 찬양하라"(시 135:2-3).

이처럼 여호와의 성전 뜰에 서 있는 사람이 행복합니다. 우리가 하나님께서 세우신 공동체인 주님의 몸 된 교회, 주의 성전에 나와서 하나님 앞에 설 때 행복할 수 있습니다.

여호와의 전에 올라가는 자의 행복

주의 전에 올라오기를 기뻐하십시오. 우리가 하나님 앞에 나와서 하나님께 예배드리면 행복한 사람이 됩니다.

♪♫♬

예수 앞에 나오면 죄 사함 받으며

주의 품에 안기어 편히 쉬리라

우리 주만 믿으면 모두 구원 얻으며

영생 복락 면류관 확실히 받겠네.

시편 기자도 여호와의 집에 있는 자의 행복을 노래하였습니다.

"주의 궁정에서의 한 날이 다른 곳에서의 천 날보다 나은즉 악인의 장막에 사는 것보다 내 하나님의 성전 문지기로 있는 것이 좋사오니"(시 84:10).

왜냐하면 하나님의 뜰에 서 있는 자, 하나님의 집에 있는 자가 참으로 행복하기 때문입니다. 주의 전을 사모하십시오. 그리고 하나님께서 허락하신 우리의 아름다운 공동체를 사랑하십시오. 하나님이 세우신 교회를 통하여 행복을 누리는 여러분이 되시기를 바랍니다.

❸ 행복은 천국에서 영원히 거하는 것이다.

다윗은 노래하기를 "내가 여호와의 집에 영원히 살리로다"라고 했습니다. 이 말씀에서 '여호와의 집'은 장소를 의미하고, '영원히'는 시간을 의미합니다. '살리로다'라는 말은 상태를 의미하는 것입니다. 다윗은 자신이 여호와의 집에서 영원히 사는 것을 노래하였습니다. 이것은 궁극적으로 하나님이 예비해 놓으신 천국을 바라본 것입니다. 다윗은 시편 23편의 결론 부분에 와서 "내가 천국에서 영원히 살리로다"라고 했습니다. 이것이 바로 참된 행복입니다.

천국을 바라본 사람들

성경을 보면 하나님의 사람들은 이 땅에서 하나님이 예비해 놓으신 천국을 바라보았습니다.

> "이 사람들은 다 믿음을 따라 죽었으며 약속을 받지 못하였으되 그것들을 멀리서 보고 환영하며 또 땅에서는 외국인과 나그네임을 증언하였으니 그들이 이같이 말하는 것은 자기들이 본향 찾는 자임을 나타냄이라 그들이 나온 바 본향을 생각하였더라면 돌아갈 기회가 있었으려니와 그들이 이제는 더 나은 본향을 사모하니 곧 하늘에 있는 것이라 이러므로 하나님이 그들의 하나님이라 일컬음 받으심을 부끄러워하지 아니하시고 그들을 위하여 한 성을 예비하셨느니라"(히 11:13-16).

아브라함의 고향은 갈대아 우르였습니다. 아브라함은 하나님이 예비하신 가나안에서 살았습니다. 그도 인간으로서 왜 고향 생각이 나지 않았겠습니까? 왜 고향으로 돌아가고 싶은 마음이 없었겠습니까? 그러나 아브라함은 본향을 사모하되 이 땅의 본향을 사모하지 않았습니다. 아브라함은 하나님이 예비해 놓으신 한 성을 바라보았습니다. 그 성은 바로 천국입니다. 이처럼 아브라함은 하나님이 예비해 놓으신 천국을 바라보면서 행복한 삶을 살았습니다.

행복은 아들과 같다.

행복은 아들과 같습니다. 아들은 아버지의 집 안에 머물 자격이 있습니다. 아들이 집 안에 머무는 것을 시비 걸 사람은 없습니다. 아들은 아버지 집 안에 머물 특권이 있습니다. 아들은 아버지의 집에서 모든 것을 공급받습니다. 왜냐하면 아버지의 것은 아들의 것이기 때문입니다. 그리고 아들은 평생 동안 아버지 집에 거할 수 있습니다. 이것이 아들이 누리는 권한이며 행복입니다.

행복도 마찬가지입니다. 행복은 하나님 안에 거하는 것입니다. 행복은 하나님의 품안에 거하는 것입니다. 마귀는 계속해서 우리를 하나님의 품에서 벗어나게 하려 하지만 하나님은 강권적으로 우리를 하나님의 품에 품어 주십니다. 그리고 행복은 하나님께서 주시는 것으로 공급받습니다. 하나님의 공급에는 부족함이 없습니다. 하나님의 공급에는 풍성함이 있습니다. 그리고 하나님은 영원토록 하나님의 집에 거하게 하십니다. 하나님의 집은 영원한 천국까지 연결됩니다. 이것이 하나님께서 우리에게 주시는 행복입니다. 그러므로 행복은 아버지의 집에 거하는 아들과 같습니다.

◼ 천국을 바라보십시오.

참된 행복은 하나님이 우리를 위하여 예비해 놓으신 천국을 바라보는 것입니다. 행복은 천국에서 하나님과 함께 영원히 살 것을 바라보는 것입니다.

그러므로 우리가 이 세상에서 가장 사모해야 할 것은 하나님이 우리를 위하여 예비해 놓으신 집입니다. 하나님이 우리를 위해 예비해 놓으신 천국입니다. 그 천국을 바라보십시오. 이것이 참으로 행복한 자의 모습입니다.

그리고 다윗이 "내가 여호와의 집에 영원히 살리로다"라고 한 이 노래가 여러분의 노래가 되기를 바랍니다. 그래서 다윗이 이 땅에서 누렸고 지금 하나님 나라에서 누리는 다윗의 이 행복이 곧 여러분의 행복이 되기를 바랍니다. 다윗은 이 땅에서 그 누구보다 행복하였습니다. 여러분도 다윗처럼 행복한 자가 되시기를 주님의 이름으로 축복합니다.

| 판 권 |
| 소 유 |

행복하기 원합니까?

2013년 12월 1일 인쇄
2013년 12월 5일 발행

지은이　|　강창일
발행인　|　이형규
발행처　|　쿰란출판사

주소　|　서울시 종로구 이화동 184-3
TEL　|　745-1007, 745-1301, 747-1212, 743-1300
영업부　|　747-1004, FAX/745-8490
본사평생전화번호　|　0502-756-1004
홈페이지　|　http://www.qumran.co.kr
E-mail　|　qrbooks@gmail.com
　　　　　 qrbooks@daum.net
한글인터넷주소　|　쿰란, 쿰란출판사

등록　|　제1-670호(1988.2.27)

책임교열　|　오완

값 9,500원

ISBN 978-89-6562-532-2 93230

＊ 이 출판물은 저작권법에 의해 보호를 받는 저작물이므로 무단 복제할 수 없습니다.
＊ 잘못된 책은 교환해 드립니다.